塘桥镇志

LOCAL RECORDS OF TANGQIAO

江苏省张家港市塘桥镇志编纂委员会　编

图书在版编目（CIP）数据

塘桥镇志 / 江苏省张家港市塘桥镇志编纂委员会编
.-- 北京：方志出版社，2018.11
（中国名镇志丛书）
ISBN 978-7-5144-3376-0

Ⅰ. ①塘… Ⅱ. ①江… Ⅲ. ①乡镇—地方志—张家港
Ⅳ. ① K295.35

中国版本图书馆 CIP 数据核字（2018）第 244995 号

· 中国名镇志丛书 ·

塘桥镇志

编　　者：江苏省张家港市塘桥镇志编纂委员会
责任编辑：董　琳

出 版 人：冀祥德
出 版 者：方志出版社
　　地址　北京市朝阳区潘家园东里 9 号（国家方志馆 4 层）
　　邮编　100021
　　网址　http://www.fzph.org
发　　行：方志出版社图书经销中心
　　电话　（010）67110500
经　　销：各地新华书店
排　　版：北京纺印图文设计制作有限公司
印　　刷：北京中科印刷有限公司

开　　本：787 × 1092　1/16
印　　张：16
字　　数：351 千字
版　　次：2018 年 11 月第 1 版　2018 年 11 月第 1 次印刷

ISBN 978-7-5144-3376-0　定价：129.00 元

序一

习近平总书记指出:“不忘历史才能开辟未来，善于继承才能善于创新……只有坚持从历史走向未来，从延续民族文化血脉中开拓前进，我们才能做好今天的事业。”中国优秀传统文化是在漫长的历史长河中历经无数次涤荡和沉淀而形成的思想精髓，蕴藏着无穷的宝藏和无尽的力量。发掘和继承优秀传统文化，是延续中华文明“根”与“魂”的必由之路。与时俱进，推动传统文化不断开拓创新，是中华文明常葆勃勃生机的重要保证。

“国有史，邑有志。”编修地方志是中国特有的文化现象，是中华民族的优秀文化传统。数千年来，连绵不断的志书编修为保护中华民族根脉，传承中华文明发挥了不可替代的作用。中国现存古志有8000余种，占现存古籍的十分之一。中华人民共和国成立以来，编修完成数万种省、市、县三级综合性行政区域志、部门志、行业志、专志等，编纂数万种地方综合年鉴、行业年鉴和专门年鉴等，整理出版数千种历代方志及相关研究成果，发表相当数量的方志理论与年鉴理论研究成果。这既是对我国国情、地情持续开展的大规模普遍调查，也是对各地自然与社会发展状况进行的综合研究，其成果构成了一座丰富的文化资源宝藏，为各级领导科学决策提供了重要参考，为推动经济社会发展和文化建设发挥了重要作用。

当前，中国特色社会主义进入新时代，全国地方志事业也进入新时代。如今的地方志事业围绕党和国家利益、经济社会发展，以人民为中心开拓创新，志、鉴、馆、史“四驾马车”并驾齐驱，志、鉴、馆、网、库、用、会、刊、研、史“十业并举”，加快实现在全国范围内全面推进地方志从一项工作向一项事业转型升级。在党中央、国务院的亲切关怀和各级地方志工作者的共同努力下，一批紧密结合社会发展需求、具有独特创造性的工作逐步开展，涵盖中国名镇志、中国名村志、中国名山志、中国名水志、中国名街志等“名志”系列文化工程是其中代表。作为首个“名志”系列文化工程的中国名镇志文化工程，启动于2015年，至今已是第三个年头。中国名镇志丛书在记述主体上，选择中国历史文化名镇、经济强镇、特色镇等在全国具有影响力和代表性的乡镇，旨在全面展示中国名镇的文化精髓；在内容题材选择上，重在突出不同名镇的“名”和“特”，力求集中体现不同名镇最精彩的部分，增强可读性；在志书编纂程序设置方面，志书申报、篇目设计、专家审读、专家组验收等流程环环相扣，紧密结合，力争把每一部志书都打造成精品佳志。

习近平总书记指出：“历史和现实都表明，一个抛弃了或者背叛了自己历史文化的民族，不仅不可能发展起来，而且很可能上演一场历史悲剧。”2018 年是改革开放 40 周年，40 年来中华大地发生了翻天覆地的变化，乡镇发生了极为深刻的改变，从粗茶淡饭到有机食品，从粗布衣裙到精美时装，从土屋平房到高楼大厦，人民生活水平大大提高，城乡差距不断缩小。然而，在感受辉煌成就的同时，我们也应该看到，许多精巧的古建、精湛的工艺、亲切的乡音、独特的乡俗也在快节奏的发展中与我们渐行渐远，曾经的家乡正逐渐变为记忆中的故园。

党的十九大报告提出乡村振兴战略，此后党中央、国务院又推出一系列重大举措。实施乡村振兴战略，必须全面加强乡村文化建设，培养乡村文化自信，培植文化之“根”，铸牢文化之“魂”。没有乡村文化的高度自信，没有乡村文化的繁荣发展，就难以实现乡村振兴的伟大使命。振兴乡村文化，既要塑形，更要铸魂，必须遵循乡村发展的客观规律，在发展中把文化的精髓保留下来，把乡土味道、乡村风貌的“魂”传承下去。在保留优秀乡村文化内核的基础上，用现代表现方式，把反映时代精神、先进理念的内容通过群众喜闻乐见的文化产品表达出来，才能够让乡土文化具有更强大的生命力。用创新性的模式书写乡镇志，传承和抢救乡土历史文化，激发爱国爱乡情怀，为探索中国特色新型城镇化发展经验、发展模式、发展道路提供历史智慧和现实借鉴，正是实施中国名镇志文化工程的目的和意义所在。

“月是故乡明”。中国人素有“家国情怀”，家乡的山水是最为美丽的，家乡的风俗是充满温暖的，一声亲切的乡音，一口熟悉的家乡菜，都能拨动游子的心弦，让其魂牵梦萦。中国名镇志丛书是一套全面梳理中国名镇历史人文，挖掘文化特色，突出“名”和“特”的镇志。它能让人民群众深刻感受到本土本乡自然的优美、历史的醇厚、人物的杰出、艺文的风雅等，有助于培养人民群众对家乡文化的自信，激发起人民群众浓烈的爱乡爱国情怀，助力国家新型城镇化建设和乡村振兴战略的实施。

是为序。

中国社会科学院院长
中国地方志指导小组组长　谢伏瞻

序二

连绵不断地编修地方志是我国特有的文化传统，为传承中华文明作出了巨大的贡献。在党中央、国务院的高度重视和支持下，这一古老的文化传统焕发勃勃生机，展现新的活力，成为保存、继承、发扬光大中华优秀传统文化的重要依托，培育和践行社会主义核心价值观的重要媒介，社会主义先进文化建设的重要组成部分，发展中国特色社会主义，增强道路自信、制度自信、理论自信的重要载体，在实现“两个一百年”奋斗目标和中华民族伟大复兴中国梦进程中具有不可替代的地位和作用。

事物总是在不断发展中前进。经过改革开放以来30余年的发展，中国特色地方志事业与传统的编修地方志已不可同日而语，形成了志（志书）、鉴（年鉴）、库（地情数据库）、馆（方志馆）、网（地情网站）、刊（期刊）、会（学会）、研（理论研究）、用（开发利用）等多业并举的新格局。截至2015年10月底，全国编纂完成首轮、二轮省、市、县志书8000多种，编修部门志、行业志、专业志、乡镇村志27000多种，编纂地方综合年鉴2300多种，累计整理旧志2500多种，还编纂出版了大量的地情书，字数以百亿计，形成以反映国情、地情为主要内容，全面系统、持续不断、卷帙浩繁的社会科学成果群。另外，还开通了27个省级网站、230个市级网站、816个县级网站；建成国家方志馆1个、省级方志馆16个、市级方志馆86个、县级方志馆近300个。这些成果，成为国家极为重要的文化资源，是国家文化软实力和公共文化服务体系的重要组成部分。

最近几年，地方志工作的触角在不断延伸，部门志、行业志、专业志、特色志、乡镇村志编纂方兴未艾，成为当前地方志事业发展新的增长点和亮点。特别是乡镇志，兴起了编纂热潮，从自发的民间行为逐渐过渡为政府组织的文化行为，有的省份以政府令形式将其纳入地方志编修范畴，像河南省还以省政府办公厅名义要求全省普修乡镇志。乡镇志并不是一个新生事物，据现有资料可考，宋代常棠所撰《澉水志》是现存最早的一部乡镇志。与省、市、县三级志书相比，乡镇志虽属小志，但意义却不小，特别是在当前国家全力推进新型城镇化建设的背景下，乡镇志的作用更显重要。

启动中国名镇志文化工程，是适应当前新型城镇化建设形势发展需要、地方志事业发展形势需要的重要举措，也是充分发挥地方志存史、资政、育人功能的重要手段。作为最基层行政组织的志书，镇志是最接近中国社会发展变迁的国情、地情记录文本，具有重要的历史文献价值。而作为充分反映本区域自然、政治、经济、文化和社会的历史与现状的资料性文献，镇志又能全面展示发展脉络，摸索发展经验，为探索中国乡镇未来发展方向提供借鉴和参考。当然，对于祖祖辈辈生于斯长于斯的中国人来说，故乡就是一个魂牵梦萦的地方，故乡的情怀终生难忘。留得住乡愁，记得住乡思，充分展示名镇文化魅力，激发爱乡、爱国情怀，正是中国名镇志文化工程题中应有之义。

是为序。

中国社会科学院原院长
中国地方志指导小组原组长　王伟光

序三

“国有史，邑有志”，中国自古就有注重编史修志的传统。按照我国目前地方志行政法规，国家各级地方志机构的法定职责是编纂省、市、县三级志书，并不包括县以下的乡镇志和村志。这种规定，一方面可能因为全国有数百万自然村落和数万乡镇，全部实行官修很难实现；另一方面可能因为我国历史上就有“皇权止于县”的说法，县以下的民间社会历来是一个以自治为主的领域。然而，改革开放几十年来，我国社会正在发生巨变，这种巨变在基层社会的乡镇、村落、家庭领域更为深刻。作为“乡之首，城之尾”的镇，逐渐被日益崛起的大都市淹没了光彩，村落在快速的城镇化过程中每天都在大量消失，农村家庭的小型化、空巢化趋势非常突出。在这种情况下，我一直在思考，如何留得住历史文化记忆和乡愁，如何把修志的工作向基层社会延伸？

中国人的“家国情怀”，是从“诚意、正心、修身”开始，到实现“齐家、治国、平天下”。所以从国家一统志，省、市、县三级志，到乡镇志、村志、家谱，也是一个完整的系统。

正是在这种背景下，我们决定启动中国名镇志文化工程。乡镇是无数中国人生命的底色和成长的摇篮。如何在城镇化进程中，留得住乡愁，记得住乡音，忘不了乡思，事关城镇化进程的人文关怀和文化保护，事关文化血脉的传承。同时，科学记录城镇化进程，反映城镇化成就，也为今后探索城镇化发展规律、积累经验提供了基本素材。作为全面系统记述一定行政区域的自然、政治、经济、文化和社会的资料性文献，志书是以上功能最好的载体。

我国目前有 4 万多个乡镇，全部修乡镇志还不具备条件。中国名镇志丛书选择的是传统文化名镇、历史军事重镇、革命历史名镇、民族特色名镇、特色经济名镇、旅游景观名镇等类型的乡镇，应该是最具代表性的，在中国乡镇文化传承和社会发展中具有标杆意义。

编纂中国名镇志丛书是对乡土历史文化的保护。随着城镇化进程加快，有不少乡镇被撤并，有些还是在历史上有重要意义的历史文化名镇、特色镇等。如不及时对其历史进行整理、记录，这些重要的历史资料将散佚殆尽。因此，中国名镇志丛书的编纂是对宝贵历史资料的抢救。

编纂中国名镇志丛书是对乡土意识的传承。什么东西有魅力？故乡的山水，乡音乡情的记忆，乡土的气息和家乡菜的味道，不管走到哪里，总是触动心弦。中国名镇志丛书记录的是家乡的山山水水，家乡的历史文化，家乡的风土人情，留住的是乡愁。这些最能激发远方游子和本地民众的爱乡情怀、爱国情怀。

编纂中国名镇志丛书是一种学术探索。镇志的编纂，实质也是一次深入的社会调查研究。“麻雀虽小五脏俱全”，相比省、市、县，乡镇第一手资料的获得需要付出更大的努力。我们也希望在志书编纂上有所创新，使中国名镇志丛书成为一套图文并茂、雅俗共赏的新型志书。

中国社会科学院副院长
中国地方志指导小组常务副组长

中国名镇志文化工程专家委员会

名誉主任　徐匡迪
主　　任　谢伏瞻
常务副主任　李培林
委　　员（按姓氏笔画排序）
毛其智　叶裕民　李　铁　李善同
杨保军　柳　拯　倪鹏飞　魏后凯

中国名镇志文化工程学术委员会

主　　任　李培林
常务副主任　冀祥德
副 主 任　邱新立
委　　员（按姓氏笔画排序）
于伟平　王　晖　王铁鹏　巴兆祥
田　嘉　苏炎灶　李　江　李孝聪
张大伟　张英聘　陈泽泓　陈　强
黄晓勇

中国名镇志丛书编纂委员会

中国名镇志丛书编纂委员会办公室

江苏省张家港市
塘桥镇志编纂委员会

主　　任　徐华东

常务副主任　朱栋裕

副 主 任　潘晓忠

学术顾问　汪丽菁

江苏省张家港市
塘桥镇志编辑人员

主　　编　潘晓忠

副 主 编　唐林康　陶全坤　钱永飞

执行主编　张维民

编　　务　陈　东　蔡雨晨　孙文卓

审　　校　陆正芳　朱永平

图片提供　张家港市档案局

塘桥镇宣传文明办公室

东渡苑轮藏楼、钟楼（2013 年）　　张维民　摄

中国名镇志丛书凡例

一、以马克思列宁主义、毛泽东思想、邓小平理论、“三个代表”重要思想、科学发展观、习近平新时代中国特色社会主义思想为指导，坚持辩证唯物主义和历史唯物主义的立场、观点和方法，存真求实，全面、客观、系统记述中国名镇城镇化进程和改革开放成果，传承和抢救乡土历史文化，激发爱国爱乡情怀，留住乡愁，为探索中国特色新型城镇化建设、服务乡村振兴战略提供历史智慧和现实借鉴。

二、为全面反映入志事物发展脉络，各志上限追溯至事物发端，下限一般断至各镇志启动编修年份，个别重大事项可延至搁笔。详今明古，着重反映时代特色和地方特点，重点体现各镇的“名”与“特”。

三、记述地域范围以下限年份的行政辖区为主。为体现名镇在更大区域内的意义，可以从更开阔的区域视野记述与该镇相关的内容。

四、统一采用纲目体，设类目、分目、条目三个层次。横排门类，纵述史实，述而不论。

五、综合运用述、记、志、传、图、表、录等各种体裁，以志体为主。体裁运用适当创新，篇目设置不求面面俱到，一般意义上的乡镇级内容略去不载。

六、除引用文字和附录文献资料外，统一使用规范的现代语体文记述，行文力求朴实、严谨、简洁、流畅、优美，具有较强可读性。

七、人物部类遵循“生不立传”原则，人物传主按生年排序，只选录对本镇发展有重大影响的人物，不面面俱到。

八、各项数据一般采用国家统计部门数据。数据缺乏的，采用主管部门或主办单位正式提供的数据。

九、数字用法、标点符号、计量单位分别执行国家标准《出版物上数字用法》（GB/T 15835—2011）、《标点符号用法》（GB/T 15834—2011）、《国际单位制及其应用》（GB 3100—1993）和《有关量、单位、符号的一般原则》（GB 3101—1993）。历史上使用的计量单位，如斗、石、里、尺、磅、华氏度等，在引文时可照录。考虑到社会使用习惯，全书中亩不统一换算。

十、中华民国成立前的纪年，使用朝代年号纪年，括注公元年份；中华民国成立后的纪年，均使用公元纪年。志中所称“解放前（后）”，以该镇解放日为界；“新中国成立前（后）”，以中华人民共和国成立日 1949 年 10 月 1 日为界；“改革开放前（后）”，以 1978 年 12 月中共十一届三中全会召开为界。本志“×× 年代”，凡未加世纪者，均指 20 世纪。

十一、为节省篇幅，避免重复，本志采用条目互见法。参见条目的表示形式为：参见本志“×× 类目 · ×× 分目 · ×× 条目”。

十二、对旧志、古籍中的繁体字、冷僻字一般用简化字或通用字替换，易引起误解的则保留。

十三、记述各个历史时期的党派、机构、职务、地名等，均以当时的名称为准。对频繁使用的名称，首次用全称并括注简称，其后用简称。

十四、各镇志需要单独说明的事项，均在各自编纂始末中记述。

塘桥镇在中国的位置

黑龙江省
哈尔滨
吉林省
长春
沈阳
辽宁省
内蒙古自治区
呼和浩特
乌鲁木齐
新疆维吾尔自治区
北京
北京市
天津市
天津
河北省
石家庄
山西省
太原
甘肃省
宁夏回族自治区
银川
西宁
青海省
兰州
陕西省
西安
郑州
河南省
山东省
济南
江苏省
张家港
塘桥镇
南京
安徽省
合肥
上海
上海市
杭州
浙江省
西藏自治区
拉萨
四川省
成都
重庆市
重庆
湖北省
武汉
湖南省
长沙
江西省
南昌
福建省
福州
贵州省
贵阳
云南省
昆明
广西壮族自治区
南宁
广东省
广州
香港
澳门
海南省
海口
海南岛
台湾省
台北
台湾岛
钓鱼岛
赤尾屿
东沙群岛
西沙群岛
永兴岛
中沙群岛
黄岩岛
南沙群岛
曾母暗沙
黄河
长江
渤海
黄海
东海
南海
图例
北京 首都
天津 省级行政中心
未定 国界
省、自治区、直辖市界
特别行政区界
名镇(乡)所在区域
名镇(乡)
1∶32 000 000
审图号：GS（2018）5807 号

塘桥镇在江苏省的位置

丰县
沛县
贾汪区
鼓楼区
徐州
铜山区
邳州
睢宁
新沂
东海
赣榆区
东西连岛
连云区
连云港
灌云
灌南
响水
沭阳
宿迁
宿豫区
泗阳
泗洪
涟水
淮阴区
淮安
淮安区
洪泽区
盱眙
金湖
宝应
滨海
阜宁
射阳
建湖
盐城
盐都区
大丰区
兴化
东台
高邮
海安
姜堰区
泰州
江都区
广陵区
扬州
仪征
六合区
浦口区
栖霞区
南京
江宁区
句容
丹徒区
镇江
丹阳
扬中
高港区
泰兴
靖江
如皋
如东
通州区
南通
海门
启东
张家港
塘桥镇
常熟
太仓
昆山
相城区
苏州
吴中区
吴江区
江阴
惠山区
锡山区
无锡
常州
武进区
金坛区
溧阳
宜兴
溧水区
高淳区
黄海
洪泽湖
高邮湖
太湖

图　例

南京　省级行政中心
苏州　地级市行政中心
溧阳　县级行政中心
省界
地级市界
名镇(乡)所在区域
名镇(乡)

1∶3 060 000

审图号：GS（2018）5807 号

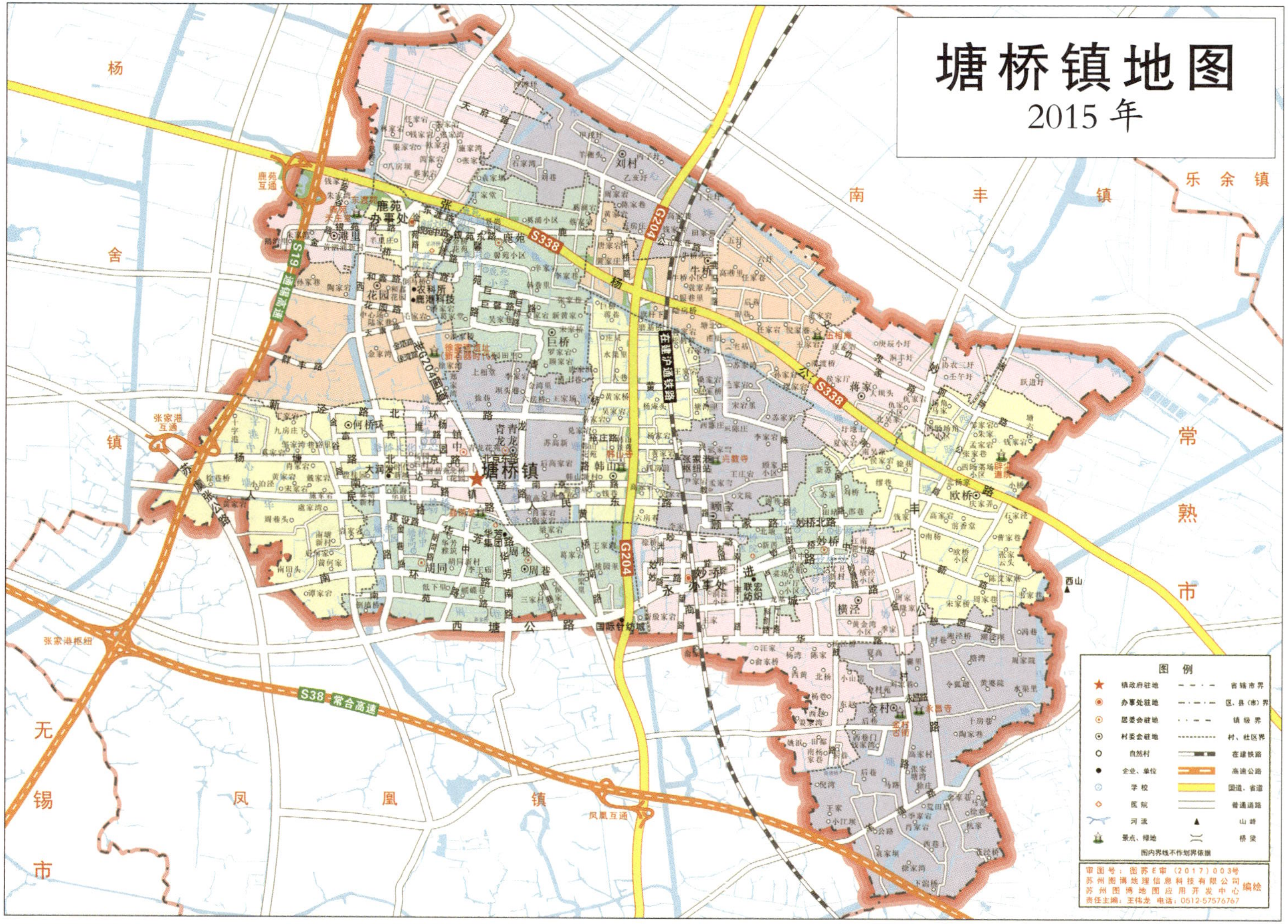

塘桥镇地图

2015 年

乐余镇
南丰镇
常熟市
杨舍镇
凤凰镇
无锡市

塘桥镇
鹿苑办事处
妙桥办事处
刘村
牛桥
巨桥
韩山
青龙
何桥
周巷
周同
欧桥
金村
横泾
妙桥
顾家
蒋家
西山
鹿苑互通
张家港互通
凤凰互通
张家港枢纽
G204
S338
S19 通锡高速
S38 常合高速
在建沪通铁路
西塘公路

图　例

符号	说明	符号	说明
★	镇政府驻地	— — · —	省辖市界
◉	办事处驻地	— · — · —	区、县（市）界
⊙	居委会驻地	· · — —	镇级界
⊙	村委会驻地	----------	村、社区界
○	自然村		在建铁路
●	企业、单位		高速公路
	学校		国道、省道
◇	医院		普通道路
	河流	▲	山峰
	景点、绿地		桥梁

图内界线不作划界依据

审图号：图苏E审（2017）003号
苏州图博地理信息科技有限公司
苏州图博地图应用开发中心
编绘
责任主编：王伟龙　电话：0512-57576767

塘桥新城（2016 年）

陈东　摄

东渡苑（2007 年）

塘桥新建居民住宅区（2015 年）

蔡春林　摄

陈东　摄

塘桥镇千人围棋赛（1995 年）

蔡春林、张龙法　摄

国家级非物质文化遗产——金村庙会（2016 年） 陈东 摄

国家级非物质文化遗产项目——金村庙会（2017 年） 陈东 摄

目录

东渡吉祥地　魅力金塘桥

塘桥，因其富裕，素有金塘桥之称。它如水乡衣褶上的一颗明珠，镶嵌在秀丽的长江之畔——江苏省张家港市东南。塘桥南靠沿江高速，北濒长江黄金水道，东临苏通大桥，西接通锡高速。204 国道、338 省道纵、横贯穿境内；沪通高铁设立塘桥枢纽，实现与上海、沿海经济圈一小时互动。塘桥享有江苏省围棋之乡、全国文明镇、全国环境优美镇、中国棉纺织毛衫名镇、中国农村改革典型镇等诸多殊荣。

长江滋润一方水土。塘桥南部属江南古陆，北部曾是滔滔长江。5000 多年前，在这片沃土上已露出人类文明的曙光。境内徐家湾遗址出土文物丰富，属新石器时代崧泽文化遗址。境内还保留着多座明清石桥及一批古树、古建筑等文化遗址。塘桥诞生过清代文学家钱谦益，清代探花庞钟璐，工艺美术大师庞薰琹，全国政协副主席钱昌照，中国水利水电事业的主要开拓者之一、两院院士张光斗等名流。

今天，走进金村文化古村、塘桥老街、鹿苑弘济老街，还能找到小桥流水的韵味。历经千年沧桑，境内的盐铁塘、黄泗浦、奚浦、三丈浦等古塘古浦，依然清流潺潺。早在大唐盛世，黄泗浦畔曾扬起一叶风帆，一位叫鉴真的高僧，怀着执着的信念，从江尾海头出发，漂洋过海，终于在第六次成功东渡扶桑。从此，黄泗浦被视作吉祥宝地。今天，黄泗浦遗址作为唐宋时期的长江入海口遗址，已列入第七批全国重点文物保护单位。在遗址旁建成的东渡苑成为张家港重点风景区。

“日出万匹，衣被天下”，塘桥纺织业根基深厚。昔日，塘桥曾是蚕桑之地，至今留有桑园港、桑园弄等河名地名。茂密的桑树，遍布河坡、堤坡，房前屋后。蚕丝土纺以及农家织布，随处可见。吱吱呀呀的缠绵声孕育了富甲一方的纺织产业。《常昭合志》载：明末清初，塘桥土布已驰名大江南北，远销福建、南洋各地。20 世纪 30 年代，民族资本家开办的竟存新布厂，规模之大，产品、设备之多，在江南地区实属罕见。20 世纪 60 年代，勤劳勇敢的塘桥儿女创造出三麦高产栽培技术，向全国各地推广。20 世纪 60 年代中期，草根工业的种子已经萌芽，诞生了棉纺、毛纺、针织等产业，积淀了纺织技术经验。

20 世纪 70 年代，江苏大地掀起过“工业学塘桥、学欧桥”（简称学“两桥”）热潮，塘桥镇被省政府批准为苏锡常经济开发区重点工业卫星镇。经过 20 世纪 70 年代大办乡村企业、20 世纪 80 年代联营整合、20 世纪 90 年代股份制改造和民营企业迅速崛起几个发展阶段后，塘桥工业形成棉纺、毛纺、呢绒、针纺、织染、服装、纺织机械等纺织产业体系，建成棉纺织毛衫集群、精纺呢绒集群和电脑横机加工基地，赢得中国棉纺织毛衫名镇美誉，涌现了一批骨干企业；同时，带动现代机械、电子信息、医疗器械、新兴产业等发展，打造了省级新能源产业园。现代农业、现代服务业异军突起，让金土地焕发金色的希望之光。

文明塘桥，魅力无穷。早在20世纪80年代中期，塘桥区域小城镇建设就初具规模。近年来，塘桥加快城乡一体化、城市化建设进程，接轨张家港东城区建设。多层型、小高层、高层建筑如雨后春笋般崛起，还打造了金村文化古村等美丽乡村。塘桥商业发达，购物便捷。镇上有二级甲等医院、江苏省四星级重点高中、少年宫、老年大学、老年公寓等设施。实现垃圾集中焚烧，工业企业集中供热，污水集中处理。每年发放惠农扶贫资金、爱心基金达数千万元，并实现劳动就业、医疗保险、养老保险等民生保障目标。开辟塘桥历史展馆、鹿苑钱氏名人馆、鉴真东渡陈列馆、1926年金村党支部展馆、谢恺烈士故居等乡土教育、爱国主义教育阵地；建造塘桥、鹿苑、妙桥三大文化中心，丰富了市民的精神家园。

“围棋要从娃娃抓起”“让围棋走进千家万户”。30余年来，塘桥围棋文化生生不息，一浪高过一浪。千人围棋赛、中日围棋赛、中国围棋甲级联赛如火如荼，围棋文化节、少儿围棋赛、棋王邀请赛、城际围棋赛、家庭围棋赛、社区围棋赛，更是一道道亮丽风景。百户家庭千人围棋赛，三代下棋，老少同弈、夫妻手谈，姑嫂斗智、妯娌比试，场面宏大有趣。轰轰烈烈的围棋活动成为塘桥人生活不可或缺的部分。

金桥巨变历沧桑，踏浪扬帆启梦航。虎跃龙腾展伟业，牛郎织女舞霓裳。城乡雨润民福祉，生态春归人寿康。古地争先酬壮志，宏图绘就慨而慷。东渡吉祥地，魅力金塘桥；全国文明镇，现代新城区。

塘桥人从小桥流水、小农经济、小康之路一路走来，正朝着纺织强镇、商贸强镇、民生强镇、文化强镇、生态强镇的目标扎实推进，未来的生活将更加美好。

基本镇情

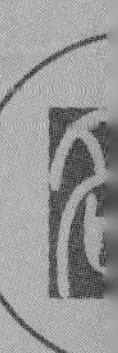

塘桥镇区夜景（2016 年）　　陈东　摄

建置区划 · 区位交通

建置区划　塘桥境域古属吴地。秦始皇统一天下后设置郡、县，属会稽郡吴县。东晋咸康七年（341）属南沙县，县治在福山镇。梁大同六年（540）撤南沙县、建常熟县，境域属常熟县。

唐武德七年（624），常熟县治由南沙城移至海虞城，隶属未变。宋代，常熟县设 9 乡 3 镇，境域分属崇素乡、南沙乡。

元末明初，庞氏始祖庞伯源从吴江松陵逃难到塘桥落户，在三丈浦旁经商设庄，逐渐成集。因三丈浦北通后园泾的一条小塘上有一座小石桥叫塘桥，集镇由此得名。

清雍正四年（1726），常熟县一分为二，东境置昭文县，西境设常熟县，旧有 9 乡由两县分割，常熟县辖感化、崇素、南沙、归政 4 乡，境域分属崇素乡、南沙乡。清代中叶，乡改划为场，境域分属南三场、丰一场。清宣统二年（1910），推行地方自治，常熟县划分为 35 个市、乡，境域分设塘桥乡、慈妙乡、鹿苑乡。

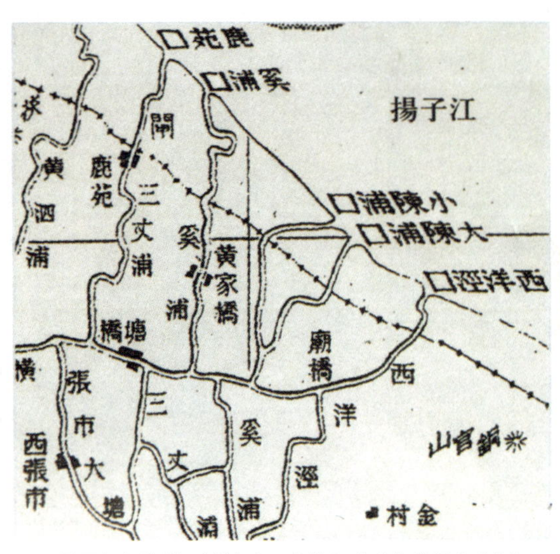

民国初年塘桥区域地形图（摘自《重修常昭合志》）

塘桥徐家湾遗址出土的彩绘陶球（约5500年前）

塘桥周巷村出土的勾鑃（前770年—前476年）

塘桥黄泗浦遗址出土的褐釉双系罐（618—917年）

塘桥花园村出土的磁州窑白底黑花龙凤纹盖罐（1271—1368年）

1912年，仍沿袭旧制。1929年，常熟县实行区乡建制，塘桥镇设区公所，名浦城区，塘桥乡、鹿苑乡属之；境内慈妙乡属福山区。1946年5月，扩并乡镇，常熟县划为82个乡、镇，并重编保甲。境内塘桥镇、韩山乡、林泾乡、黄桥乡合并设立塘桥镇，鹿苑镇、城北乡、日新乡、马嘶乡合并设立鹿苑镇，同属塘桥区；妙桥乡、兴教乡、西旸乡、太平乡合并建妙桥乡，慈乌乡、郑桥乡、周院乡合并建慈乌乡，同属梅李区。1949年2月，常熟县改划为6个区57个乡镇，境内塘桥镇、鹿苑镇隶属沙洲区，区署鹿苑镇；妙桥乡、慈乌乡隶属梅李区，区署梅李镇。

1949年4月22日，全境解放，仍属常熟县。1950年3月，废保甲制，设乡村制，境内设塘桥、防汛、黄桥、妙桥、金村、西旸、鹿苑、鹿北、马嘶等21个乡和通福、街村、金巷、新民、吹鼓、前巷、新乐、奚浦、大树等167个行政村，分别隶属塘桥区、福山区和南丰区。

1956年3月，境内撤并成塘桥乡、塘桥镇、妙桥乡、西旸乡、金村乡、鹿苑乡和鹿北乡，分别隶属塘桥区、谢桥区和沙洲区。1957年9月，撤塘桥区，将塘桥镇和塘桥乡合并建塘桥乡，鹿苑乡和鹿北乡合并建鹿苑乡，妙桥乡、西旸乡和金村乡合并建妙桥乡。1958年9月，境内塘桥、妙桥、鹿苑撤乡建人民公社。1962年1月，境域划入沙洲县。1983年4月，撤社建乡。1986年3月，塘桥、妙桥撤乡建镇。1986年9月，撤沙洲县，建张家港市，境域属张家港市。1986年12月，鹿苑撤乡建镇。

2003年8月，塘桥、妙桥、鹿苑三镇合并成立塘桥镇，下辖杨园、周巷、李王、金巷、禄荡、何桥、南塘、十字港、青龙、上相、韩山、水渠、妙桥、横泾、薛家、吹鼓、洞泾、顾家、陈庄、欧桥、西旸、立新、蒋家、沙田、跃进、金村、前巷、勤丰、塘湾、西苑、巨桥、鹿东、奚浦、滩里、鹿北、南林、花园、徐湾、牛桥、马嘶、五厢、刘村、泾西43个行政村和镇中、妙桥、鹿苑3个社区居委会。2004年3月，行政区划调整，全镇撤并成14个行政村和3个社区居委会。2016年，辖周巷、韩山、青龙、何桥、横泾、顾家、欧桥、蒋家、金村、巨桥、花园、滩里、牛桥、刘村14个行政村和镇中、妙桥、鹿苑、周巷、青龙、胡同、馨塘7个社区居委会（其中镇中、妙桥和鹿苑为村社合一体制）。

徐家湾遗址发掘现场（1985年）　　张家港市档案局　提供

塘桥区成立大会（1949年）　　张家港市档案局　提供

塘桥镇一角（1995 年）　　张金祥　摄

塘桥镇掠影（2012 年）　　蔡春林　摄

区位交通 塘桥镇隶属江苏省张家港市，位于张家港东南10千米处，东南与常熟海虞镇交界。境域面积94.42平方千米，其中水域面积11.5平方千米。境内素有“金塘桥，银鹿苑”之美誉。

塘桥镇地处中国经济最发达的长江三角洲平原腹地，是沪、苏、浙经济圈中的一个重要水乡古镇。东距上海120千米，南距苏州70千米，西距无锡50千米、南京200千米，北距南通30千米。旅客搭乘各地航班至无锡苏南硕放国际机场，南通兴东国际机场，上海浦东国际机场、上海虹桥国际机场，都可以经沿江高速、锡通高速及204国道、苏通公路、苏虞张公路等到达张家港客运站、港城汽车站，再换乘227、225、211、322、219等公交车到达塘桥，车程均在半小时之内。自2014年起，开建的沪通铁路、沿江铁路、通苏嘉城际铁路均经过塘桥镇境域，铁路枢纽换乘站就设在塘桥镇顾家村境内。

正在建设中的沪通铁路塘桥段（2014年） 蔡春林 摄

新 204 国道与 338 省道在域区交会的立交桥（2016 年） 蔡春林 摄

自然地理

塘桥镇位于张家港市东南部，系长江三角洲冲积平原，中心地理位置为北纬 31° 49′，东经 120° 38′。地形呈平行四边形，西南略高，东北略低，高差约 2 米。属亚热带季风气候，四季分明，气候温和，光照充足，雨水充沛，物产丰饶。境内台风、暴雨、连阴雨、低温冻害等自然灾害时有发生。土壤类型以农业土壤为主，适宜稻、麦等农作物生长。境内少山多水，河道纵横交错，水系面积约 11.5 平方千米，占全镇总面积的 12.18%。

地质地貌

地质 塘桥境内地质主要属第四纪沉积覆盖，厚度 90 ~ 240 米，可耕层为 2 ~ 3 米。可耕层下面是砂质黏土、黏土层，隔水性能较好，厚度为 50 ~ 70 米、70 ~ 150 米，有含水性较好、透水性较强的细砂层、黏质砂层、中砂层、砾石层。地面 140 ~ 240 米以下便是砂岩、灰岩、砾岩层。

塘桥地区地质存在地面沉降和地裂缝。二十世纪七八十年代，江苏省地质矿产局曾组织勘探。塘桥地面沉降始于 20 世纪 80 年代中期，20 世纪 80 年代后期进入较快沉降阶段。地面沉降主要分布在顾家村、横泾村和镇中社区居委会辖区。地裂缝主要分布在镇区和何桥村一带。裂缝宽度不等，主裂缝呈偏东西向展布，向东延伸至顾家村，向西延伸至凤凰镇西参村、魏庄村，延伸方向 75 度～ 85 度，地表呈张性开裂，开裂程度不甚明显，宽度 1 ～ 3 厘米。两侧随着与主裂缝带距离的加大，裂缝的发育程度明显减弱。2009 年以后，张家港市有关部门在沉降区域显眼位置贴上警示标记。

地貌 塘桥全境属长江三角洲平原地貌，以鹿苑、西旸（盐铁塘）一线为界，境域北部属新长江三角洲的河相海相沉积平原，地势较低，一般高程 3 米左右。沙漕交界河以北，是境内成陆最晚的地区，一般高程在 2.7 ～ 2.8 米。境域南部属老长江三角洲的古代沙嘴区，是海相河相沉积平原，地势较高，一般高程 3 ～ 4 米。其中，金村地区地势最高，一般高程 4.3 ～ 4.5 米；塘桥镇区部分地区地势较低，一般高程 2.7 米左右，故常有内涝。

全境地势平坦。原有韩墩、蔡墩、烟墩、金公墩、朱扈墩等高墩和不少乱坟荒冈。二十世纪六七十年代，塘桥大搞农田水利建设，填平废弃的河浜、池塘和低洼地，铲平高墩、高冈和荒坟，使它们变成平坦的良田。进入 21 世纪，在推进城乡一体化建设进程中，新建许多高层建筑，南延三干河、新挖走马塘等生态河道。境域东南部与常熟市海虞镇交界处有西山，由于历史原因，为常熟市与张家港市共管。

水系

塘桥地处长江中下游江南水乡区，东北靠长江，西南近太湖，境内塘、河、浦、泾、浜密布，纵横交错。2003 年 8 月，妙桥、鹿苑两镇并入塘桥镇后，全镇有大小河道

700 余条，其中市级（含）以上河道 12 条，镇村级主要河道 50 余条。

盐铁塘 又名内河。镇域段东起西旸塘，向西流经西旸、欧桥、蒋家、牛桥、韩山、巨桥、滩里等村，全长 12.58 千米，面宽 18 ～ 24 米，底宽 6 ～ 10 米。跨河桥梁 13 座。中华人民共和国成立后，先后对盐铁塘镇域段进行 9 次分段或全线修浚。该塘西段用于灌溉、泄洪和通航，东段（西旸至福山）河床已成平田。

三丈浦 境内三丈浦北起四干河，南接青龙塘入华妙河。全长 5.45 千米，面宽 14 ～ 25 米，底宽 4 ～ 6 米。跨河桥梁 6 座。用于泄洪、灌溉和通航。21 世纪初，三丈浦从鹿苑盐铁塘起借道青龙塘直通华妙河，有利于灌溉和泄洪。老三丈浦华妙河至肖家桥段于 1996 年 9 月平整复耕，北京路往北的北段于 1999 年平整复耕。

奚浦塘 北自鹿苑沙漕交界河陈家巷起，南穿盐铁塘，借道横塘（今华妙河）于王家湾向南经恬庄至港口镇，全长 11.8 千米。塘桥段南起殷家宕，向北流经周巷、韩山、巨桥、刘村等村入四干河，全长 6.95 千米，面宽 18 ～ 25 米，底宽 9 米。跨河桥梁 11 座。用于泄洪、灌溉和通航。

华妙河 东起妙桥西旸塘，向西流经妙桥社区、顾家村、韩山村、青龙村、镇中社区、何桥村入二干河。境内全长 9.5 千米，面宽 32 ～ 36 米，底宽 8 ～ 10 米。跨河桥梁 12 座。其前身为横塘，1980 年拓浚。因工程规划时从江阴华士到张家港妙桥，故名华妙河。1994 年、2005 年疏浚，为七级航道。

永南河 位于塘桥镇北部。西起四干河，向东流经滩里、刘村、牛桥、蒋家等村入七干河。全长 7.5 千米，面宽 27 米，底宽 8 米。跨河桥梁 6 座。用于泄洪、灌溉和通航。

西旸塘 又名西旸港、西洋浦、西洋泾。南起凤凰镇恬庄，向北经横泾村、妙桥社区、欧桥村、蒋家村入七干河，全长 10.75 千米。境内段全长 7.6 千米，面宽 28 ～ 32 米，底宽 8 米。跨河桥梁 12 座。用于泄洪、灌溉和通航。

四干河 南连盐铁塘接三丈浦，向北流经滩里村、刘村村，过南丰镇入长江，全长 15.5 千米。为市级第四条入江河道，故名四干河。境内段全长 2.5 千米，面宽 32 米，底宽 6 ～ 12 米。跨河桥梁 3 座。用于泄洪、灌溉和通航。

黄泗浦 南起华妙河，向北流经何桥、花园、滩里等村入盐铁塘。全长 10.44 千米，面宽 7 ～ 14 米，底宽 3 ～ 4 米。沿途有南宋古窑遗址、方桥、古稀桥、天主堂、东渡苑风景区等。该浦南段局部淤塞，北段可供泄洪、灌溉和通航。

走马塘（2016 年） 陈东 摄

走马塘 南起太湖，北通长江，2015 年拓浚，全长 66.3 千米。境内南起金村村，北至欧桥村，全长 5.2 千米，面宽 60 米，底宽 40 米。用于灌溉、泄洪和通航。

三干河 南连张家港塘，北接南横套，2015 年拓浚，全长 15.6 千米。境内南起西塘公路，北接南横套，全长 9.6 千米，面宽 50 米，底宽 15 米。用于灌溉、泄洪和通航。

三干河（2016 年） 蔡春林 摄

大陈浦 位于牛桥村、蒋家村、顾家村。南起顾家村，北入沙漕交界河，全长6.8千米，面宽10～15米，底宽4～6米。用于灌溉和泄洪。

小陈浦 位于韩山村、顾家村、牛桥村。南起华妙河，北入盐铁塘，全长7千米，面宽8～10米，底宽3～4米。用于灌溉和泄洪。

鹿苑沙田中心河 位于滩里村、刘村村。东起马嘶塘，西接黄泗浦，全长6.9千米，面宽8～10米，底宽3～4米。用于灌溉和泄洪。

曲塘泾 位于金村村。东起福山塘，西至恬庄集镇，全长4千米，面宽15米，底宽5～8米。用于灌溉和泄洪。

妙金塘 位于金村村、横泾村。南起金钱塘，北入西旸塘，全长6.49千米，面宽20～24米，底宽6～8米。用于灌溉和泄洪。

芦浦塘 位于欧桥村、金村村。南起妙金塘，北至欧家桥，全长7.9千米，面宽12～16米，底宽4～6米。用于灌溉和泄洪。

顾新塘 位于金村村、横泾村。南起金村村，北至横泾村，全长5千米，面宽10～12米，底宽4～6米。用于灌溉和泄洪。

河泾塘 东起走马塘，西至塘桥镇与凤凰镇交界处。全长2.95千米，面宽25米，底宽8～10米。用于灌溉、泄洪和通航。

气候 立春后气温逐渐回升，但仍不稳定，冷暖空气交替活动，时寒时暖，多雨。前期每5～7天就有一次冷空气南下，故常有低温晚霜冻危害；后期暖湿空气活跃，降水量较多，且常有高温、暴雨、冰雹等天气出现。农谚有“惊蛰始雷、清明断雪、谷雨断霜”之说。

立夏后气温回升较快。前期有梅雨，多阴雨天气。常年6月17日入梅，7月9日出梅。梅雨天气云量多，日照少，温度和气压低，雨量和湿度大。后期常出现高温少雨天气，易出现伏旱。伏旱天气日照强，温度和气压高，降水少，湿度相对小。全年高温日一般出现在夏季，年平均高温日在8天左右。夏季常出现雷暴、冰雹、台风等灾害性天气，降水量为全年最多的季节。

立秋后气温逐渐下降，但前期仍有高温、台风出现。由于仍会受热带暖湿气旋影响，常出现连绵秋雨。中后期随着冬季风势力的增强，中秋开始以秋高气爽的天气为主，气候宜人，间有早霜出现。

立冬后，冷空气活动频繁，天气寒冷干燥，雨雪偏少，多刮西北风。每次冷空气南下，大多出现降温、大风和降水。这种变化一般每 7 ~ 10 天就有一次，每出现一次，气温下降一次。后期多阴冷雨雪天气，1 月为全年最冷的月份。

据 2005—2016 年的统计资料，年平均气温有上升趋势，并出现有记录以来少有的极端气温，历年降水也不均匀。这一期间，极端最高气温出现在 2013 年 8 月 9 日，为 41.2℃；极端最低气温出现在 2016 年 1 月 24 日，为 -9℃。降雨量最多的年份是 2016 年，1895.1 毫米，年降雨日 150 天；降雨量最少的年份是 2013 年，912.7 毫米，降雨日为 120 天。

自然资源

土地资源 2003 年 8 月，妙桥、鹿苑两镇并入塘桥镇后，全镇行政区划总面积 94.42 平方千米（9442 公顷），其中，耕地面积 5233 公顷。2005 年，耕地面积 5035.93 公顷，其中，灌溉水田 4362.93 公顷，水浇地 59.07 公顷，旱地 600.33 公顷，菜地 13.6 公顷。2016 年，全镇实有耕地总面积 3895 公顷，有效灌溉面积 3895 公顷，粮食种植面积 4642 公顷，其中水稻 2257 公顷，小麦 2220 公顷。

水资源

地表水。塘桥镇地处长江中下游南岸，北靠长江，东邻东海，西近太湖。境内河道密布，纵横交错，大多与长江、太湖相通，水深一般在 2.5 ~ 4 米，水量丰富。2014 年，全镇水系面积 1071 公顷，占全镇总面积的 11.34%。至 2016 年，因新挖走马塘、三干河等河道，全镇水系面积增加到 1150 公顷，占全镇总面积的 12.18%。

地下水。据《江苏省地下水资源研究》载，塘桥地区地下水极为丰富，主要蕴藏于第四系松散沉积物中。境内民用地下水，一般为第四系孔隙潜水（浅层水），含水层由灰黄、灰色亚黏土、粉砂及粉砂夹亚黏土组成。含水层底板深埋一般小于 6 米。以民井形式进行开采，井深一般在 4 ~ 6 米，单井出水量每天 5 ~ 20 吨。深层地下承压水的开采一般为企业用水或城镇集体供水。地下水位深埋达 50 ~ 120 米，含水组厚度 12 ~ 50 米，井深度 80 ~ 150 米，每日单井出水量为 300 ~ 1500 吨。由于过度开采，地下水位逐年下降。2000 年以后，只允许部分企业开发浅层井水。

矿产资源

煤炭。煤炭属能源矿产。二十世纪七八十年代，江苏省地质矿产局先后多次对境内进行大规模煤田地质普查。1971 年对塘桥地区普查时，工作面积 61.12 平方千米，测得煤炭储量 3057 万吨。1974 年对塘桥一区普查时，工作面积 40.06 平方千米，测得煤炭储量 599.54 万吨；对塘桥二区（含鹿苑）普查时，工作面积 20.95 平方千米，测得煤炭储量 763.37 万吨。1976 年对塘桥一区普查时，工作面积 40.1 平方千米，测得煤炭储量 342.64 万吨。1983 年对妙桥地区普查时，工作面积 75 平方千米，测得煤炭储量 1617.78 万吨。1987 年对妙桥地区东详查时，工作面积 6.5 平方千米，测得煤炭储量 1021 万吨。

砖瓦黏土。砖瓦黏土属非金属矿产。主要分布在徐家湾一带和何桥一带。砖瓦黏土土质为灰黄色、褐黄色粉砂质黏土、亚黏土，呈层状，厚度一般数米。砖瓦黏土的矿物成分主要为黏土，含少量石英。土块完整性较好，手搓有砂感，可塑性较好，耐火度高，主要是砖、瓦的制作材料。

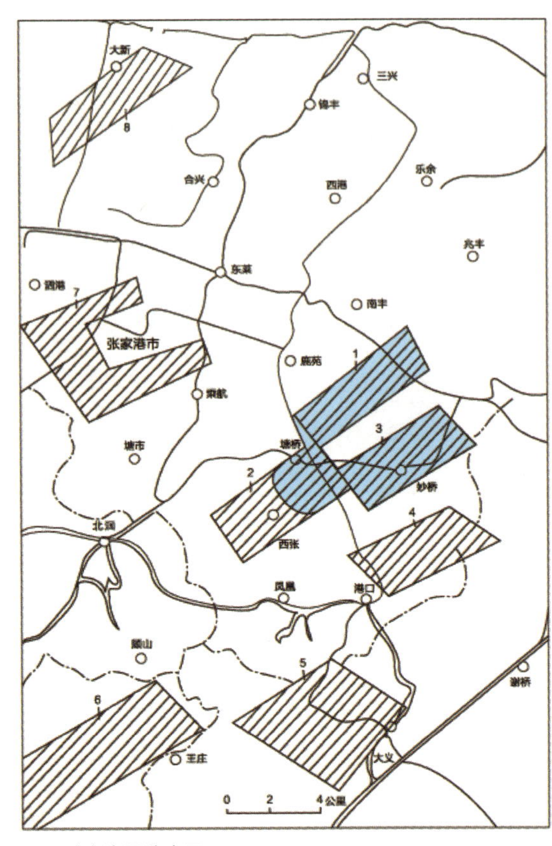

矿产资源分布图

人口　姓氏

人口总量与密度　民国末，境内塘桥、妙桥、鹿苑镇区人口保持在 1500 ~ 2500 人。新中国成立后，随着经济社会发展，镇区人口逐渐增多。自 1957 年起，户籍人口统计趋于常态化。1964 年，全境总人口 68879 人，人口密度每平方千米 729 人。20 世纪 70

年代后，人口自然增长率逐年下降。2000 年，全境户籍人口总量 88283 人，人口密度每平方千米 935 人。2005 年，全镇户籍人口总量 88540 人，人口密度每平方千米 938 人。2008 年，全镇户籍人口总量 90335 人，人口密度每平方千米 957 人。2016 年，全镇户籍人口总量 92300 人，人口密度每平方千米 978 人。

外来人口 2003 年年末，塘桥镇有外来人口 72992 人，占全镇总人口的 45.62%。这些外来人员大多来自四川、安徽、河南、山东等地。2005 年，有外来人口 80811 人，占全镇总人口的 47.72%。2012 年，全镇有外来人口 58523 人，占全镇总人口的 39.1%。2016 年，全镇有外来人口 91285 人，占全镇总人口的 49.72%，其中多数进入民营、个体企业打工，部分创业经商，或务农成为承包大户。

姓氏 1994 年，境内在籍人口中有姓氏 304 个，其中钱姓 3430 人，为第一大姓。2002 年，全境在籍人口中，有姓氏 336 个，其中钱姓 3580 人，仍为最多。此外，陈、庞、徐、黄、周、张、朱、王等姓均是 2000 人以上的大姓。2005 年，全镇在籍人口中有姓氏 348 个，2000 人以上的有 12 个姓氏。2016 年，全镇在籍人口中有姓氏 352 个，其中 2000 人以上的大姓 13 个，依次为钱、陈、张、徐、王、周、朱、黄、陆、吴、顾、李、杨，钱姓仍为第一大姓，占在籍人口总量的 9.92%。人口最少的姓有仄、雒、赛、訾、岑、坎、澹、仵、偶、昝等 67 个，各有 1 人。

民族 20 世纪 80 年代，境内居民均为汉族。随着改革开放的深入，外地进入境内务工、经商的人员逐渐增多。1994 年，境内除汉族外，另有 6 个少数民族。至 2016 年，全镇除汉族外，另有回族、苗族、侗族、土家族、拉祜族、布依族、藏族、彝族、壮族、达斡尔族、傣族、哈尼族，人口 42 人。

经济社会

经济概况 自明、清以来，境内经济长期是单一的农业经济。农作物产量低且不稳定，林、牧、副、渔业很落后，农村工业一片空白。民国时期，境内仅有几家粮油加工厂和布厂，规模不大，工业产值很低。新中国成立后，特别是改革开放后，境内工业、农业、副业、服务业全面多元发展，经济总量不断攀升。20世纪90年代，境内塘桥、妙桥、鹿苑3镇地区生产总值在江苏省名列前茅。1991年，塘桥镇以地区生产总值8.67亿元在全国农村中排名第22位，妙桥镇以地区生产总值6.69亿元位列第62位，鹿苑镇以地区生产总值5亿元位列第146位。进入21世纪，经过工业体制改革、农业产业结构调整、大力发展第三产业，全镇地区生产总值年年稳中有升。其中，第三产业增速超过第一、第二产业。

2006—2010年，地区生产总值483.65亿元，年均产值96.73亿元；全口径财政收入60.81亿元，年均收入12.16亿元。农业产业结构得到调整，服务业得到发展，三次产业之比发生变化。2010年，三次产业之比为2.06∶63.03∶34.91。“十一五”期间，全社会固定资产投资91.21亿元，新增注册外资2.66亿美元，实现进出口总额46.41亿美元，其中出口32.31亿美元。

2011—2015年，地区生产总值757.34亿元，年均151.47亿元，比“十一五”增长56.6%。全口径财政收入77.38亿元，年均15.48亿元，财政收入比“十一五”

江苏张家港新能源产业园（2014年） 陈东 摄

增长 27.2%。“十二五”期间，再次调整农业产业结构，大力发展商贸服务业，农业、服务业在三次产业中的比重增加，全镇固定资产投资 195.07 亿元，新增注册外资 3.60 亿美元，实现进出口总额 49.87 亿美元，其中出口 37.92 亿美元。2016 年，实现地区生产总值 165.96 亿元，完成进出口总额 8.82 亿美元，其中出口 7.22 亿美元。

工业　清末，塘桥镇建办勤德布厂，是当时常熟县（塘桥原属常熟县）最早兴办的布厂之一。自 20 世纪 30 年代起，境内先后办起 5 家粮油加工厂、1 家布厂、1 家酱园。新中国成立初期，境内有 3 家粮油加工厂、1 家布厂、1 家酱油厂。20 世纪 50 年代末 60 年代初，境内办起 20 多家社队企业。二十世纪七八十年代，境内社队企业进入大发展时期。1986 年，境内塘桥、妙桥、鹿苑先后成为苏锡常地区重点工业卫星镇。

进入 21 世纪，境内三镇加大招商引资力度，创建工业集中区，组建规模型企业，大力发展民营企业、“三资”企业；同时通过体制改革，企业转型，产品升级，增强企业自身活力，全镇工业向着门类齐全、绿色环保、产品高端、产值高效方向发展。

2006—2010 年，全镇规模以上工业企业总产值 1163.7 亿元，年均总产值 232.74 亿元。其中，2010 年工业总产值 292.51 亿元，是 2006 年总产值 203.55 亿元的 1.44 倍。

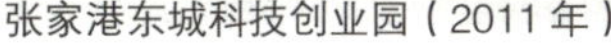
张家港东城科技创业园（2011 年）

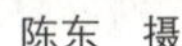
陈东　摄

江苏银河电子工业园（2015 年）
陈东　摄

2011—2015年，全镇规模以上工业企业总产值1486.66亿元，年均总产值297.33亿元。2016年，全镇规模以上工业企业总产值276.82亿元。

农业　新中国成立前，境内经济素以农业为主，农业产值约占地区总产值的90%。几百年来，农民因循着传统落后的耕作习惯和传统方法，过着面朝黄土背朝天的农耕生活。新中国成立后，经过土地改革和农业合作化运动，农村出现农、林、牧、副、渔五业兴旺的景象。二十世纪六七十年代，塘桥公社因小麦高产而闻名全国。1971年5月，中共苏州地委向全地区发出“三麦学塘桥”号召。

进入21世纪，农村产业结构得到调整，适当限种粮食作物，扩种高效经济作物，发展种植、养殖业，农业总产值大幅上升。

2006—2010年，农、林、牧、渔业总产值7.91亿元，年均产值1.58亿元。其中，2010年的产值2.45亿元，是2006年1.07亿元的2倍多。2010年，粮食、油料、蔬菜、肉类、牛奶、禽蛋和水产品总产量分别为40415吨、524吨、12260吨、1466吨、1397吨、281吨、1355吨。禽蛋产量比2009年稍有下降，其他产量均有不同程度增长。

2011—2015年，农、林、牧、渔业总产值17.8亿元，比“十一五”增长1倍多，年均产值3.56亿元。

塘桥镇农业丰产方（2013年）　　陈东　摄

2016年，粮食作物面积有较大幅度减少，粮食、油菜总产量比上年稍有下降，果品、牛奶、肉类、禽蛋、蔬菜、水产品产量都有较大幅度提高，每亩经济效益比“十二五”提高1000～1500元。2016年，农业总产值7.05亿元，是“十二五”年均产值3.56亿元的2倍。

链接：家庭农场

自2013年政策鼓励农村创办家庭农场以来，塘桥镇有条件的承包大户逐渐转向创办家庭农场。其中，金村村华田家庭农场和欧桥村盛达家庭农场规模较大，均为注册的家庭农场企业。

华田家庭农场位于塘桥镇东南部金村村，经营土地800余亩，固定资产900万元。农场负责人吴健，1990年高中毕业后开始从事农业生产。2007年，开始粮食种植规模经营。2009年，组建金村农机服务专业合作社，上百台农机具中，60%是吴健购买的。2013年，成立张家港市华田家庭农场。至2016年，吴健先后出资34.7万元引进“久保田888”水稻收割机一台，投资19.52万元购买两架无人植保飞机，投资250万元建成日烘干能力100吨的谷物烘干中心，投资210万元建成日加工能力30吨的大米精加工厂。农场已形成整理田地—育秧插秧—植保防护—收割运输—谷物烘干—包装加工一条龙服务，全部机械化操作。农忙季节，吴健首先为金村4000余亩土地收割、种植，然后再处理自家农场。2016年，华田家庭农场又拓展农机维修和品牌大米营销两个领域。华田家庭农场是张家港市首家生产品牌大米的农场，已注册“金村大米”“金村喜米”等商标。

无人机喷洒农药（2016年） 陈东　摄

盛达家庭农场位于塘桥镇东部欧桥村，经营土地850亩。农场负责人是季凤达。2012年，创办家庭农场，至2016年，投资超1500万元。农场内养殖2000余只鸡、鸭、鹅和近百头猪，栽种上万

喜摘丰收果（2013 年） 张维民 摄

养鸡场（2015 年） 张维民 摄

棵桃树、梨树和枇杷树，聘请 4 名农业技术人员，分别负责果树园林、畜牧、水产和农产品。农场产出小麦和蔬菜用于喂养畜禽，畜禽的粪便作为果树生长的有机肥，鸡鸭就散养在桃园、池塘里。循环养鱼也得到推广。200 亩池塘水质清澈无污染，不施任何化肥农药。其中 70 亩鱼塘对外开放，发展垂钓、观光。2016 年，桃、梨、枇杷等果树和禽畜、鲜鱼获得丰收，引进种植的菠萝、葡萄和八月瓜等新品种长势良好，农场已建立销售农产品的微信平台，搭建了现代化的销售渠道。

服务业 2001—2005 年，全镇商贸服务业门店营业面积比“九五”增加 1 倍。2005 年，全镇从事服务业人数近 2 万人，服务业产值 15.82 亿元，占地区生产总值的 28.35%。

2006—2010 年，建成五星级酒店华芳金陵国际酒店、江苏省五星级农家乐雅农生态园和塘桥 · 国际针纺城，引进上海如海超市、友谊超市、家家利超市、易购商城、义乌小商品市场、苏客隆超市等，新增营业面积 1.5 万平方米。服务业总产值 160.76 亿元，年均产值 32.15 亿元。2010 年，全镇从事服务业人数 2.47 万人，服务业总产值 41.57 亿元，占地区生产总值的 34.92%。

2011—2015 年，加快发展商贸服务业，加速推进新城区建设，引进大润发超市、保意电器、百信超市、中国黄金、老庙黄金、江淮特食、大唐酒店等一批有实力的商贸餐饮店，新增营业面积 2 万余平方米。服务业总产值 297.98 亿元，年均产值 59.6 亿元。2015 年，全镇从事服务业人数 2.82 万人，服务业产值 65.02 亿元，占地区生产总值的 37.3%。2016 年，服务业产值 72.19 亿元，占地区生产总值的 43.5%，服务业产值与工业

塘桥人民路商贸街（2009 年） 张维民 摄

大润发塘桥店（2016 年） 陈东 摄

产值的差距进一步缩小。

教育 清代，境内先后创建虞西、鹿苑、景韩和永福 4 所小学。民国时期，初等小学普及各乡。新中国成立后，人民政府重视教育事业，开设小学、中学，以及扫盲班、业余学校等。改革开放以后，境内调整学校布局，改善办学条件，加强教学管理，普及九年制义务教育。1998—1999 年，境内塘桥、妙桥、鹿苑二镇先后成为江苏省实施教育现代化工程先进镇。2004 年，张家港市政府出台《张家港市 2004—2010 年教育发展规划》。根据市政府这一精神，塘桥镇按照“科学规划、分步实施、整体推进”的工作思路，加快调整中小学校布局，优化教育资源，切实改变薄弱学校办学条件。自 2006 年起，新建塘桥中心幼儿园、妙桥幼儿园、鹿苑小学等学校，新建塘桥初级中学信息楼、塘桥中心小学师生食堂、妙桥小学综合楼等教育基础设施。同时，按

张家港市塘桥中心小学（2015 年） 陈东 摄

妙桥幼儿园艺术节（2016 年） 陈东 摄

照《张家港市外来人员子弟学校建设标准》，先后协助建设 3 所民办外来民工子弟学校，在办学经费、师资设备、教学管理等方面给予帮助和照顾。2009—2010 年，镇党委和政府实施教育优先发展、均衡发展、高品质发展战略，高标准完善全镇中小学校的校园安全、教育装备、校舍维护工程，完成校园防雷设施建设。

2011—2016 年，新建塘桥中心小学、鹿苑幼儿园，改造妙桥中学实验楼，完成鹿苑中学、青龙小学、妙桥小学等 6 所学校校舍形象提升、教育装备和信息化再提升工程；创办塘桥社区教育中心和老年大学。2016 年年末，塘桥镇形成集 1 所高中、3 所初中、4 所小学、3 所幼儿园、1 所老年大学、1 个社区教育中心、3 所民工子弟学校于一体的教育体系。其中，塘桥高级中学是江苏省四星级高中、江苏省德育先进学校。塘桥初级中学是江苏省德育先进学校、江苏省首批实施教育现代化工程示范初中、江苏省绿色学校。鹿苑中学是江苏省实施教育现代化工程示范初中。塘桥中心小学创建成江苏省实验小学、聂卫平围棋学校。鹿苑小学被授予江苏省书法特色学校称号。塘桥中心幼儿园被评为江苏省示范性实验幼儿园，两所民工子弟学校被评为苏州市合格学校。

张家港市塘桥中心幼儿园（2015 年） 陈东 摄

卫生 新中国成立前，境内缺医少药，医疗水平低下，各种传染病经常发生。新中国成立后，创建医疗机构，建立爱国卫生组织，加强卫生防疫工作，使各种疾病得到有效控制。改革开放后，卫生事业快速发展，医疗卫生机构和组织进一步健全，医疗设施进一步完善。进入21世纪，全镇卫生体制和机制深化改革，建立卫生信息网络，构建预防保健、120急救、卫生监督执法等公共卫生管理体系。2001—2003年，村卫生室全部改建成预防、医疗、保健、康复、健康教育、计划生育、合作医疗“七位一体”的社区卫生服务站。“十五”末，全镇呈现公私并存、多渠道投资、共同发展卫生事业的新局面，形成小病进社区、大病进医院的新型医疗服务模式。

2006—2010年，围绕率先实现卫生基本现代化目标，城乡社区卫生服务站硬件设施全面提升。建成城乡居民“15分钟健康服务圈”，职业病、慢性病和防癌筛选得到监测和预防。建成塘桥生育文化广场、科学育儿基地和15个村（社区）“世代服务室”，23个社区卫生服务站全部建成苏州市级社区卫生服务站，韩山等5个村建成苏州市示范社区卫生服务站，周巷等4个村建成苏州市健康村或亿万农民健康促进行动村。2009年，塘桥镇获苏州市农村卫生现代化达标镇和苏州市人口计划生育工作先进集体称号。

2011—2016年，加强塘桥人民医院（后改名张家港市第三人民医院）和塘桥社区卫生服务中心一体化管理，开展健康服务进万家活动，在全市率先推出家庭医生签约礼包服务。全镇60岁以上老人和7岁以下儿童免费进行健康体检和疫苗接种。2011年，塘桥镇社区卫生服务中心获江苏省医疗服务监督示范哨点称号，塘桥镇计划生育服务站

张家港市第三人民医院（2016年） 陈东 摄

获江苏省计划生育优质服务示范站称号。2012年，塘桥镇人口和计划生育服务站获江苏省人口和计划生育委员会世代服务示范岗称号。2016年年末，全镇有医疗机构41家，其中医院4家、社区卫生服务站24家；执业（助理）医师526人，核定床位670张。有塘桥福馨苑和韩山老年公寓2家养老机构，有鹿苑、妙桥2家医院养老康复机构。

花园村和鑫花园卫生服务站（2016年） 陈东 摄

体育 明代，境内群众自发组织学习武术，以抗击倭寇入侵骚扰。民国时期，虞西初中组织学生篮球队开展活动。新中国成立后，人民政府重视体育事业，健全体育组织机构，在中小学设立体操、田径、球类等训练队；在民间开展武术等传统项目和特色项目活动。自1986年起，境内中小学实施《国家体育锻炼标准》。自1995年起，实施全民健身计划。2001—2005年，塘桥镇按照《国家体育锻炼标准》开展群众体育和学校体育活动，并继续实施全民健身计划。2003年，塘桥镇获江苏省全民健身周暨第一个全民健身活动先进单位称号。

2006—2010年，以建设农村体育健身工程为主要任务，推进群众体育社会化、体育设施现代化、体育管理科学化工程。全镇各社区完成城乡全民健身“八个一”[①]工程建设，镇区和17个村（社）建成多个设施完善的全民健身工程点、全民健身路径和全民健身晨（晚）练点。这一时期，塘桥获江苏省体育强镇、江苏省棋类运动先进单位、苏州市全民健身活动先进集体和苏州市第五批特色体育乡镇等荣誉称号。

2011—2016年，镇政府继续投入资金建设一批体育场馆和体育活动场所，购置一批体育设施和器材。每两年举办一次全民运动会，每1～3年举行一次围棋节，每年举办健身节、千人健步行，举办篮球、门球、桌球、乒乓球、长跑、太极拳、围棋、象

① 城乡全民健身“八个一”工程是指：建设一个健身组织网络；每年举办一次全民健身周活动；建设一个全民健身工程（点）；建设一批晨（晚）练健身点；建设一支社会体育指导员队伍；建设一个公民体质测定站；举办一系列体育健身科普讲座；形成一个特色体育项目。

棋、国标舞、广场舞等活动和比赛，承办国家围甲联赛、中日围棋赛、全国乒乓球锦标赛等大型赛事。学校体育围绕“两个百分之百”（百分之百中小学生实施《国家学生体质健康标准》、百分之百中小学生每天锻炼一小时）的目标开展体育活动，适龄学生达标率95%以上，学校体育设施和器材均达到江苏省级或苏州市级标准。2011年，塘桥镇获苏州市全民健身节活动先进单位称号，塘桥医院健身广场获江苏省优秀群众健身活动站（点）称号。2016年年末，全镇有体育馆、标准游泳池、门球场、乒羽中心各1个，标准体育运动场11个、篮球场27个；全民健身工程（点）20个，全民健身路径34套，全民健身晨（晚）练点25个，三级以上社会体育指导员80余人。

居民生活 新中国成立前，境内农民过着单一的农耕生活，大多缺吃少穿，生活十分贫困。新中国成立后，先后实行土地改革、农业合作化，居民生活水平有所提高。改革开放后，经过农村经济体制改革、产业结构调整、土地规模经营、大力发展第三产业等几个阶段，居民生活大为改善。2005年，农村居民人均纯收入9209元，城镇居民人均可支配收入18015元。农村居民人均生活消费支出6890元，城镇居民人均生活消费支出12925元。百户农村居民拥有耐用品消费抽样调查显示，每百户农村居民拥有洗衣

塘桥镇第四届全民运动会开幕式（2011年） 赵爱明 摄

机 88 台、电冰箱 96 台、彩电 175 台、空调 135 台、固定电话 104 部、移动电话 190 部、电脑 3 台、小汽车 5 辆。百户城镇居民耐用品消费抽样调查显示，每百户城镇居民拥有洗衣机 95 台、电冰箱 90 台、彩电 85 台、空调 237 台、固定电话 154 部、移动电话 187 部、电脑 70 台、小汽车 13 辆。2005 年年末，农村居民人均住房面积 65 平方米，城镇居民人均住房面积 42 平方米。

2006—2015 年，塘桥镇党委和政府出台“坚持以人为本、民富为先，实现居民收入与社会经济同步增长”的规划。大力发展经济，深化企业改革，形成以工业为主体，规模经济、民营经济和外向型经济同步发展格局，拓展就业空间，增加就业岗位；大力调整产业结构，优化农作物布局，引进农业新品种，发展优质、高效农业，培育农业专业户、特色户，加快组建各类农村专业合作社、股份制合作社等经济实体组织，转变农业增长方式、促进农民增收；以农民减负为重点，逐步理清和削减、规范各类涉农行政事业性收费，停止征收农业税，农民实现合同内“零负担、零交费”；加大财政支农力

建设中的塘桥新城夜景（2016 年） 陈东 摄

度，对农业实施结构调整、产业化经营，对购买新型农机具等进行奖励、补贴；发挥乡镇工业和特色产业优势，大量吸纳农村剩余劳动力从事非农产业，加快农村富余劳动力转移；继续加大对社保、医保、农保、征地补偿和农保转城保的配套资金投入，全镇“五保合一”社会保障体系全覆盖，确保人民生活安居乐业。

2016年，农村居民人均可支配收入34792元，城镇居民人均可支配收入约38500元。全镇自来水普及率、生活燃气普及率、有线电视入户率、排水管道覆盖率、垃圾无害化处理率均达100%，污水处理率86%，互联网宽带上网率（户）77.38%。张家港市、塘桥镇两级财政发放涉农补贴1013万元，医保基金补贴4260.3万元。全镇为375户农（居）民低保户和低保边缘户发放最低生活保障金496.82万元，为3338名80岁以上老人发放尊老金312.33万元，为4254位老年人发放老年补贴421.12万元。全镇全年开发就业岗位240个，安置就业困难人员361人，提供公益性岗位1.12万个。全年为困难户、贫困生、重病人员、残疾人员、临时救助人员等发放救助金2500余万元。完善镇社会服务中心硬件设施，新建镇级残疾人托老服务中心、康复中心和5个村级居家养老服务站。完成城乡养老、医疗保险并轨工作，城乡基本养老保险和基本医疗保险覆盖率均为99.6%。

行政村、社区

韩山村　位于塘桥镇域东部，距塘桥集镇约2千米。东临顾家村，南连周巷村，西接青龙村、巨桥村，北邻牛桥村。境内有204国道和新开工建设的沪通铁路纵贯南北。有宋代抗金名将韩世忠命士兵堆筑的韩墩和建于清雍正四年（1726）的西资桥。

自2004年起，韩山村逐渐建成一个功能齐全、资源共享、服务配套的新型韩山社区，形成集现代居民住宅区、外来人员集中区、社区服务区、生态风景区、集市贸易区、工业集中区和休闲娱乐区于一体的现代化村级社区。至2015年，中央、省、市各级领导和媒体记者前往考察、参观的团队超过 300 批。

2016 年年末，辖区面积 5.22 平方千米，有 32 个自然村和 2 个新村小区，设 45 个村民小组，有村民 1473 户，4780 人。有耕地 166 公顷，各类企业 56 个，可用财力 1280 万元，总资产 8617.86 万元。

周巷村 位于塘桥镇域南部，距塘桥集镇约 1 千米。东邻横泾村，南临凤凰镇，西连何桥村，北接韩山村和镇中社区。204 国道纵贯全境，正在兴建的沪通铁路挨境而过。村域南部有明代万历年间（1573—1620）进士萧应宫所建的萧家桥。西部金巷片内有个古村落蔡舍，1988 年，有村民发掘到两件器物，一个叫“匜”，是春秋时期奴隶主洗手用的容器；另一个叫“勾鑃”，是春秋时一种打击乐器，均为国家一级文物，现保存在张家港市博物馆。

周巷村工业起步较早。20 世纪 70 年代，创办了五金、服装、纸盒、纸箱、纬编和铅锡厂，发展了十几项副业。自 1986 年开始，村里对 60 岁以上老人根据不同年龄段发放生活费补贴，延续至今。进入“十一五”，企业转型升级，更新装备和技术，建造标

韩山福地（2009 年） 陈东 摄

准型厂房，引进企业 10 余家，累计拥有企业 50 余家。2005 年，投入 180 万元建造占地 1 万平方米、建筑面积 2000 平方米的周巷新区，共建有农村别墅 100 余幢。

2016 年年末，辖区面积 7.03 平方千米，有 54 个自然村、12 个新村小区，设 69 个村民小组，有村民 2828 户，8989 人。有耕地 3310 公顷，各类企业 486 个，可用财力 1383 万元，总资产 2353.41 万元。

周巷社区（2014 年） 肖丽芬 摄

周巷书场（2014 年） 肖丽芬 摄

青龙村 位于塘桥镇域中部，距塘桥集镇约 1 千米。三面环河，东濒奚浦塘，南临华妙河，西濒青龙塘与镇中社区相望，北接巨桥村、花园村。南京东路、北京东路、北环东路横贯东西，青龙中心路连接振兴路纵贯南北。

青龙村工业起步较早。20 世纪 80 年代，拥有青龙轧钢厂、建筑钢窗厂、青龙灯具厂、金龙灯罩厂等企业。20 世纪 90 年代，建造近万平方米的标准型厂房，普坤集团、华芳金田公司、青纺公司等企业相继落户，村级经济不断壮大。青龙村集中财力发展第三产业，建立商业一条街，在青龙路北段两侧建农贸市场、开发商业门店，发展餐饮服务业。同时，结合城乡一体化建设，村里统一规划，连片开发居民住宅区。至 2013 年，先后建成青龙新村、青龙新区、青龙花苑等环境优美、配套设施齐全的新型住宅小区。

在发展工业经济的同时，青龙村进行农村产业结构调整，引导农民发展多元种养模式，出现了家禽、水产、花木、蔬果等养殖、种植专业户。其中最有名的是季正德河蟹养殖基地，正德牌中华鳌蟹获江苏省无公害产品认证。

2016 年年末，辖区面积 3.88 平方千米，有 26 个自然村、3 个居民小区，设 27 个村民小组，有村民 1433 户，4603 人。有耕地 860 公顷、各类企业 236 个，可用财力 952 万元，总资产 4465.36 万元。

青龙社区广场（2008 年） 陈东 摄

何桥村 位于塘桥镇域西部，距塘桥集镇约 1 千米。东连周巷村、镇中社区，南靠凤凰镇，西邻杨舍镇，北接花园村。杨塘公路、人民西路横贯东西，西环路、金谷路纵贯南北，三干河、华妙河在境域中部形成十字形交汇。1912 年，由里人张子怀、张子馨兄弟俩出资创办怀馨初级小学。

2003 年，苏虞张公路和杨塘公路建成后，区位优势显现。2006 年，塘桥新城区建设选址何桥村，当年就完成“五横二纵”的道路框架和绿化、通电、通水工程建设。至 2016 年，境内先后建成塘桥水利站、广电站、工商分局、法庭、派出所等一批公共事业

何桥安置小区（2012 年） 陈东 摄

霞光中的居民小区（2015 年） 陈东 摄

单位办公楼；进行招商引资，开发时代新城、碧桂园、东方瑞景、沁园新村等一批商住楼，引进大润发超市塘桥店、保意电器塘桥店，完成西环路、北环路改造等工程建设。

2016年年末，辖区面积7.31平方千米，有51个自然村、3个新村小区，设71个村民小组，有村民2115户，7126人。有耕地1956公顷，各类企业125个，可用财力1227万元，总资产7791.7万元。

花园村 位于塘桥镇域北部，距塘桥集镇约4千米。东与巨桥村、青龙村接壤，南与何桥村、镇中社区毗邻，西与杨舍镇交界，北与滩里村、鹿苑社区相连。境内204国道与花园大道成丁字形交会，三丈浦、黄泗浦纵贯南北。境内有徐家湾新石器时代遗址和许庄遗址。

20世纪60年代中期，花园村是江苏省闻名的卫生村。优美的环境吸引各地多人前去参观。花园村工业起步早，发展快。1992年，位列全国亿元村行列。2002年，投资建成集社区警务、农业服务、求助服务、卫生服务、便民服务、综合活动于一体的村级文明社区。至2010年，村委会前的花园大道已建成热闹的街市，两旁有超市、菜场、饭店、小吃店、旅馆、照相馆等。

2016年年末，辖区面积5.59平方千米，有39个自然村、1个居民新村，设42个村民小组，有村民1508户，5158人。有耕地24公顷，各类企业88个，可用财力1190万元，总资产4332.74万元。

花园村和鑫花园小区（2016年） 陈东 摄

滩里黄泗浦新村（2012 年） 陈东 摄

滩里村 位于塘桥镇域西北部，距塘桥集镇约 7 千米。东临刘村村、巨桥村、鹿苑社区，南靠花园村，西连杨舍镇，北接南丰镇。老 204 国道、19 省道和四干河纵贯南北，338 省道、盐铁塘、沙漕交界河横贯东西。境内有韩窑、古稀桥、磨刀桥、方桥和若瑟堂等古建筑，还有鉴真大师第六次东渡日本的启航地——古黄泗浦渡口遗址。

农业经过产业结构调整，养殖、种植大户增多，经济效益提高。工业较为发达，1992 年，进入中国亿元村行列。2010 年，工业门类以纺织业为主，辅以服装、塑料、建材、机械、化工、冶金等企业 40 余家。

2016 年年末，辖区面积 6.79 平方千米，有 33 个自然村，1 个新村黄泗浦新村，设 55 个村民小组，有村民 1903 户，5974 人。有耕地 242 公顷，各类企业 128 个，可用财力 1469 万元，总资产 1.28 亿元。

牛桥村 位于塘桥镇域东北部，距塘桥集镇约 8 千米。东邻蒋家村，南靠韩山村、顾家村，西连巨桥村，北接刘村村。境内有盐铁塘、奚浦塘、鹿马公路通过。有元代建筑伍相庵和与南宋抗金名将韩世忠有关的马嘶桥。

2006 年，张扬公路东扩，长达 3.77 千米的路段从牛桥村穿过，交通更加便捷，许多大项目纷纷入驻，宏达机械厂、马嘶并线厂、华鑫复合材料厂、伟宏钢衬公司等相继落户。2008 年以后，先后投入 1200 万元建设标准型厂房 1.4 万平方米，对外招租，扩大经济总量，增加村级财力。同时，牛桥居民住宅小区和马嘶菜场先后建成。2010 年，村集体总收入 1.44 亿元。

2016 年年末，辖区面积 6.2 平方千米，有 31 个自然村、1 个牛桥新村，设 45 个村

江苏省美丽乡村示范村——牛桥村（2016 年） 陈东 摄

民小组，有村民 1559 户、4698 人。有耕地 250 公顷、各类企业 63 个，可用财力 728 万元，总资产 1831.94 万元。

巨桥村 位于塘桥镇域北部，距塘桥集镇约 4 千米。东邻韩山村、牛桥村，南靠青龙村，西连花园村和鹿苑社区，北接刘村村。境内有盐铁塘、奚浦塘。

20 世纪 90 年代，该村就是中国首批亿元村、江苏省农村环境综合整治示范村、611 工程生态建设示范村，成为江苏省乃至全国环境综合整治和经济效益同步发展的典型。

2005 年，巨桥村在全市率先提出创建绿色园林村的目标。在不到两年时间里，建成一个集社区管理、休闲娱乐、生态风景、健身锻炼、医疗卫生、便民服务、治安警务为一体的园林式新型社区。工业发展较快。工业门类以纺织为龙头，辅以服装、机械、化工、五金、电子、塑料等行业。2010 年，主要企业有 70 余家，集体经济总收入 10.06 亿元。

巨桥村与中央电视台联合举办“激情广场 · 魅力金塘桥”文艺演出（2006 年） 张维民 摄

2016年年末，辖区面积5.84平方千米，有42个自然村、1个新村鹿东新村，设42个村民小组，有村民1770户，5431人。有耕地185公顷，各类企业165个，可用财力750万元，总资产3251.51万元。

刘村村 位于塘桥镇域西北部，距塘桥集镇约7千米。东靠牛桥村，南邻韩山村、巨桥村，西连滩里村，北临南丰镇。境内有四干河、沙漕交界河、永南河和村中心路等水陆要道。境内的东林庵庙会，从清代延续至今，为鹿苑地区规模最大庙会。

该村地处塘桥镇最北端，地理位置偏僻，长期依赖单一农业经济。进入21世纪，村里实施道路硬化工程，至2008年，共浇筑水泥路约6万平方米，新建标准型厂房2万平方米，改善了村里的交通状况和投资环境，先后有20余家企业落户村里。其中新宇钢化玻璃厂是骨干企业，年销售收入超千万元。工业发展改变了该村的经济结构，解决了农民就业问题，村民生活逐渐富裕起来。农业产业结构调整以后，村民发展特色农业、高效农业，承包大片土地，种植花卉、苗木、瓜果、蔬菜，增加了农民收入。2010年，村集体经济总收入1.71亿元。

2016年年末，辖区面积4.88平方千米，有24个自然村，设30个村民小组，有村民1187户，3618人。有耕地275公顷、各类企业45个，可用财力520万元，总资产3854.73万元。

刘村村三安有机水稻种植基地（2012年） 陈东 摄

欧桥村 位于塘桥镇域东部，距塘桥集镇6.5千米。东靠常熟市海虞镇，南邻金村村，西接横泾村、妙桥社区和顾家村，北连蒋家村。338省道横穿境域中部，西旸塘纵贯南北全境，区域性河道走马塘流经其东境。

境内原有西旸山居，建于宋朝，毁于明嘉靖年间（1522—1566）倭寇之乱。清初重构堂阁，名“辟尘道院”。康熙三十六年（1697）探花翁叔元亲撰《辟尘山碑记》。西旸辟尘道场被列入张家港市非物质文化遗产名录。欧桥西旸境内的自然村大多为古村落，历史久远。

该村经济素以农业为主，主产稻、麦和棉花。20世纪70年代初，走农、副、工全面发展之路。1979年年末，沙洲县委在欧桥大队召开学欧桥、争富裕现场经验交流会。1980年，欧桥村成为江苏省第一个千万元村。1988年，成为张家港市第一个亿元村，村级外贸收购额名列苏州市第一名、全国第十九名。2014年，有主要民营企业49家，资产总额5.2亿元。

2016年年末，辖区面积7.01平方千米，有45个自然村、3个居民新村，设57个村民小组，有村民1736户，6090人。有耕地315公顷、各类企业69个，可用财力1021万元，总资产5880.75万元。

横泾村 位于塘桥镇域东部，距塘桥集镇约6千米。东邻欧桥村，南连金村村，西靠周巷村和凤凰镇杏市村，北接顾家村和妙桥社区。境域内有纵向的吹鼓路、金村公路、希望路，有横向的永进路、商城路、兄华路。塘桥镇工业集中区位于村域西北部。

20世纪90年代，境内有妙桥羊毛衫市场。横泾村充分利用羊毛衫市场的品牌效应，引资招商，办起十几家拥有品牌、技术和市场优势的规模企业，同时衍生许多家庭小作坊为大企业服务。2015年，有工业企业120余家，实现工业销售15.5亿元，利税2亿元。还建成一个设施齐全、环境优美、人居安宁、服务周全、社区文化繁荣的住宅示范区——黄金湾小区。

黄金湾小区鸟瞰（2016年） 蔡春林 摄

2016年年末，辖区面积7.6平方千米，有53个自然村、1个居民小区，设65个村民小组，有村民2064户，7111人。有耕地146公顷，各类企业125个，可用财力746万元，总资产1.02亿元。

金村村 位于塘桥镇东南部，距塘桥集镇约7千米。东、南与常熟经济开发区交界，西接凤凰镇杏市村和清水村，北连欧桥村、横泾村。境内有妙金塘、妙丰公路、金村公路和始建于民国时期的羊福路。

金村是文化古村。"二十余井井井流甘，一百余家家家识字"即是金村崇文重教的写照。明清年间出进士、举人、太学生和秀才100余人。1912年，境内金氏族人出资创办常熟县慈妙第二国民学校。民国年间，多人毕业于黄埔军校，从戎卫国。学业、事业有成的有吴中名医金兰升、文学家金鹤翔、爱国文人金鹤翀等。据不完全统计，金村前人留下著作上百卷，散文数百篇，诗词上千首。金村文化遗迹众多，如永昌寺、园茂里、徐塘桥等。自2002年以来，金村坚持文化立村、经济强村、旅游兴村、生态美村的工作理念，恢复古街，改造老街，新建永昌街、金村苑、金村广场和暗泾河水上长廊。2014年，金村村被张家港市政府批准为文化生态保护区。

暮色中的金村苑（2016年） 陈东 摄

2016年年末，辖区面积10.32平方千米，有46个自然村、1个居民小区金村苑，设63个村民小组，有村民2235户，7931人。有耕地502公顷，各类企业73个，可用财力1050万元，总资产3.32亿元。2014年，金村庙会被列入国家非物质文化遗产代表性项目名录。

顾家村 位于塘桥镇域东部，距塘桥集镇约3千米。东邻妙桥社区和欧桥村，南接横泾村，西连韩山村，北达蒋家村和牛桥村。境内有顾家路、陈庄路、兴教路和华妙河等水陆要道。

顾家村工业起步于20世纪60年代。1992年，工业产值1.05亿元，跨入张家港市亿元村行列。该村坚持发展集体经济，走共同富裕道路。自1979年起，对农民住宅建设统一规划，给农民发放建房补贴。重视教育事业，投入20万元兴建幼儿园，独生子女从入幼儿园到中学毕业，学费全由村负担。20世纪90年代，村里投入100万元改善村级道路；为村级退休干部、职工发放退休金，在职职工实行养老保险。2014年，开工建设的沪通铁路经过该村，并在其境内设立铁路枢纽站，为该村经济发展提供一个良好机遇。

2016年年末，辖区面积4.46平方千米，有35个自然村，设33个村民小组，有村民1093户，3818人。有耕地255公顷，各类企业32个，可用财力483.1万元，总资产1572.16万元。

建设中的沪通铁路顾家村段（2016年） 陈东 摄

蒋家村雅农生态园（2011年） 陈东 摄

蒋家村 位于塘桥镇域东北部，距塘桥集镇约6千米。东邻常熟市海虞镇，南接欧桥村，西连顾家村、牛桥村，北濒永南河、七干河。338省道横穿村域南部，妙丰公路纵贯南北。

明清时，境域北部为长江南岸滩涂。民国中后期，围垦丙子小圩等8只圩塘，面积约100公顷。自1958年始，又先后围垦跃进圩等3只圩塘，面积约95公顷。进入21世纪，338省道东延，妙丰公路建成，原先的区位劣势转化为区位优势，利用挖废面积创建成雅农生态园和怡静农庄等特色农业基地，并建成仇家小区。2013年，投入650万元对仇家小区进行大规模改造整治，创建成江苏省级康居乡村。

2016年年末，辖区面积5.58平方千米，有23个自然村，1个居民小区，设42个村民小组，有村民1302户，4613人。有耕地250公顷，各类企业42个，可用财力305万元，总资产1094.59万元。

镇中社区 原名杨园村，位于塘桥镇域中部，是原塘桥区、塘桥乡、塘桥公社和塘桥镇行政建置所在地。东连青龙村，南邻周巷村，西接何桥村，北临青龙村、花园村。横向的人民路、南京路、北京路、富民路、北环路与纵向的镇中路在域区交会，202县道、青龙塘并行沿东境纵贯南北。2004年3月，杨园村和镇中社区合并后称镇中社区。

镇中社区南京路夜景（2012 年） 陈东 摄

20 世纪 70 年代，曙民大队（今杨园村）新千斤生产队（原名徐千泾生产队）是全国三麦高产典型。

塘桥集镇最繁华区域大多位于镇中社区境内。在境域南部靠近华妙河旁有条老街，形成于元末明初，条石路面，两边都是低矮的明清建筑。在老街东端，有座建于清乾隆末年的庞氏家宅嘉荫堂，现为张家港市文物保护单位。在嘉荫堂西约百米处，原有个牛尾巴湾，1938 年 8 月 21 日，日军在此集体枪杀无辜民众 36 人（其中 2 人幸免于难）。1980 年，因拓浚华妙河，牛尾巴湾也被挖去。为教育后代，1995 年，塘桥镇政府在离此不远处的小外滩公园内立了一块“勿忘国耻”纪念碑，以供后人缅怀。

2016 年年末，辖区面积 1.7 平方千米，有 4 个自然村、18 个新村小区，设 44 个居民（村民）小组，有村（居）民 694 户，2447 人。有耕地 7 公顷，各类企业 18 家，可用财力 302 万元，总资产 4343.43 万元。

鹿苑社区 位于塘桥镇域北部，南距塘桥集镇约 5 千米。其前身为西苑村，东邻巨桥村，南接花园村，西靠滩里村，北濒盐铁塘。老 204 国道与 338 省道在境域北部交会；三丈浦、盐铁塘、黄泗浦分别从东、北、西边缘通过，水陆交通十分便捷。境内有古黄泗浦、明代弘济桥、抗战碉堡群等古迹和国家 AAA 级旅游景区东渡苑。2004 年 3 月，西苑村与鹿苑社区合并，新建鹿苑社区。

鹿苑集镇最繁华的区域大部分位于该社区境内。境内的鹿苑老街基本保持着明清风貌。维修后的钱昌照故居成为张家港市文物保护单位。明清时代，钱氏名人众多，有

鹿苑社区弘济桥老街区俯瞰（2015 年） 蔡春林 摄

“钱氏一门九进士”之说。近现代，涌现了钱昌照、钱昌祚、钱延康、钱惠民等一批钱氏名人。鹿苑社区工业发展较快，门类以纺织服装业为主。2010 年，主要企业有 30 余家，经济总收入 3.53 亿元。

2016 年年末，辖区面积 1.25 平方千米，有 10 个自然村、7 个新村小区，设 28 个居民（村民）小组，有村（居）民 673 户，1683 人。有耕地 5 公顷，各类企业 40 个，可用财力 258 万元，总资产 2060.47 万元。

妙桥社区 位于塘桥镇域东部，距塘桥集镇 5.5 千米。前身为妙桥村，其东、南、

妙桥社区卢厅小区（2014 年） 陈东 摄

西三面连接横泾村和顾家村，北邻欧桥村。境内道路有卢厅路、永进路、妙桥中路，华妙河和新泾塘在社区中部成十字形交会。2004 年 3 月，妙桥村与妙桥社区合并新建妙桥社区。

原妙桥村是个经济强村。2002 年，有瑞蘅毛纺、兰珂毛衫等 12 家工业企业，销售收入 8216 万元，农民人均收入 7130 元。2004 年，妙桥社区建成后，社区经济发展加快。2010 年，有民营企业 70 余家，产品销售收入 7 亿元，利税 5000 万元。社区可用资金逐年增加，先后建有卢厅小区、妙桥新村等居民居住区。

2016 年年末，辖区面积 3.76 平方千米，有 10 个自然村、8 个居民小区，设 27 个居民（村民）小组，有村（居）民 797 户，2960 人。有耕地 60 公顷，各类企业 95 个，可用财力 400 万元，总资产 1238.53 万元。

纺织名镇

中国棉纺织毛衫名镇荣誉牌

陶全坤 摄

境内纺织生产历史悠久。元末明初，金村、塘桥已有民间土纺土织，自给自足有余，销往苏北、福建等地。民国年间建办规模较大的妙桥竞存新布厂。新中国成立后，境内纺织业发展较快。1985 年，境内纺织工业企业逾 40 家，其中妙桥棉织厂、妙桥羊毛衫厂、妙桥织带厂、塘桥化纤纺织厂、鹿苑针织手套厂均具有较大规模。境内妙桥纺织工业产值 12614.48 万元，占沙洲县乡（镇）纺织工业产值的 10.97%。1988 年，境内纺织企业工业总产值超 10 亿元。1990 年后，境内搞股份合作制，纺织产业得到迅猛发展，棉、毛、丝、麻、化纤、印染等门类齐全。

2004 年，全镇纺织工业企业增至 574 家，职工 5.94 万人，工业总产值 128.9 亿元，占全镇工业总量的 80%，占张家港市纺织工业总产值的 51.58%；纺织业增加值 24.7 亿元，占全镇总量的 80%；销售收入 127.6 亿元，占全镇总量的 81%；企业交货值 24.42 亿元，占全镇总量的 96.5%。塘桥镇被中国纺织工业协会、中国棉纺织行业协会、中国毛纺织行业协会共同授予中国棉纺织毛衫名镇荣誉称号。羊毛衫、棉纺织、毛纺织等行业产业链互相依存，构成了塘桥镇的产业链。2008 年，纺织工业总产值 275.97 亿元。

鹿港科技在上交所上市（2011 年） 邹玉萍 摄

2011 年，继华芳纺织上市后，鹿港科技上市。2013 年，华芳集团列中国企业 500 强第

193 位，中国民营企业 500 强第 91 位。2016 年，全镇有纺织工业企业 1494 家，主营业务收入 500 万元以上的规模企业有 55 家，总资产 148.16 亿元，工业总产值 235.14 亿元，主营业务收入 235.52 亿元，实现利税总额 9.69 亿元。鹿港文化（其前身为鹿港科技）成为全国最大的针织纱生产基地之一，华芳集团资产总额超过 100 亿元，完成销售收入 128.15 亿元，拥有中国名牌产品 2 种、国家免检产品 3 种，华芳商标被认定为中国驰名商标。

2004—2016 年部分年份塘桥镇规模以上纺织工业企业主要经济指标一览表

表 1　　单位：亿元

年份	企业数（个）	工业总产值	主营业务收入	利税总额	利润总额	流动资产合计	资产合计
2004	45	121.47	119.87	5.99	3.01	46.11	95.30
2006	92	140.97	144.42	9.78	6.41	64.14	115.41
2008	86	164.21	168.82	7.97	2.79	54.66	113.63
2010	118	233.60	234.22	14.55	8.49	79.12	145.81
2012	73	245.92	249.52	11.47	5.03	84.40	145.14
2014	63	209.55	211.10	16.72	13.44	83.38	137.19
2016	55	206.07	206.40	8.49	4.91	92.88	148.16

纺织业

棉纺织业　塘桥有纺织之乡美称。明末清初，西塘桥、金家村、鹿苑等集镇的土布驰名大江南北，远销福建、南洋各地。清乾隆年间（1736—1795），塘桥镇上有东十美、西十美两家实力雄厚的布庄。至 1949 年，境内有手摇纺车 1 万多部，织布机 6000 多台，其中塘桥地区就有手摇纺车 4100 部、织布机 2700 台。

境内棉纺织民族工业始于 1934 年妙桥林氏创办的竞存新布厂，有铁木结构布机 110

台，职工 300 多人。1960 年以后，境内先后建办金村土布厂、妙桥纺织厂、鹿苑立新土布厂、塘桥综合厂并线车间，各有 1000 ~ 3000 枚纱锭，产品以 10 支、副 10 支纱及回纺布为主。1970 年后，特别改革开放后，塘桥化纤纺织厂、鹿苑棉纺织厂、妙桥纺织厂、妙桥织带厂、妙桥棉纺织九厂先后建办，并不断更新设备、添置 1511 织机，生产白平布、色织布、斜绞纹和纱卡。塘桥化纤纺织厂试纺维纶纱获得成功。

1985 年，境内棉纺织工业产值超过 1.8 亿元，其中妙桥棉纺织工业年产棉布、化纤布 90 万米，腈绒布 40 万米，涤粘、涤棉中长和平布 440 万米，出口商标和尼龙花边带 5320 万米，年产值 4233 万元，占沙洲县棉纺织产值的 10%。塘桥化纤纺织厂已具有较大规模，有纱锭 2.6 万枚，并研制出涤维粘三合一——仿毛混纺纱线新产品投入市场，成为热销产品，获苏州市新产品开发奖。

1990 年，境内张家港市化纤纺织厂、塘桥色织厂、妙桥麻纺织厂、妙桥织带厂、鹿苑纺织厂、妙桥棉织七厂 6 家规模纺织企业固定资产 3793 万元，工业产值 3.03 亿元。1999 年，境内华芳集团棉纺织有限公司、妙桥久昌棉织厂、妙桥久棉色织厂等 10 多家棉纺织企业生产棉纱 2.6 万吨、特种纱 2500 吨、棉布 573 万米、印染纱 4700 吨。

织机车间（2009 年） 张维民 摄

2002 年，境内棉纺织业生产棉纱 15.25 万吨、特种纱 4511 吨、棉布 2210 万米，分别比上年增长 52.04%、23.5%、109.4%。2004 年，全镇棉纺织企业发展到 153 家，以华芳为代表的规模棉纺织企业 22 家，拥有棉纺锭 183 万枚，气流纺锭 42 万头，织机 1700 余台，除 70 台传统织机外，均为先进的无梭织机。其中，剑杆织机 782 台，喷气织机 840 台。年生产棉纱 41.49 万吨、棉布 8090 万米、特种纱 6491 万吨、印染纱 7250 吨、印

加弹车间（2009 年） 张维民 摄

染布 390 吨。企业积极采用先进设备，应用先进技术，使全镇棉纺织业在总体上达到一个新的水平。2008 年，塘桥镇规模以上棉纺工业企业逾 40 家，华芳、新东旭为张家港市大型工业企业，盛而达、协昌为中型企业。

2013 年，全镇棉纺织业生产棉纱 21.01 万吨、化纤纱 1.061 万吨、特种纱 7107 吨、棉布 1.51 亿米。2014 年，华芳牌纯棉精梳 Ne50、纯棉精梳 Ne40 荣获中国棉纺织行业用户满意色织用纱优秀奖。大唐纺织生产的大唐公主家纺系列产品被认定为江苏省名牌产品。2016 年，全镇棉纺织企业共有 621 家，生产棉纱、棉混纺纱等 35.15 万吨，棉布、棉混纺布、化纤布等 2.31 亿米，完成工业总产值 98.43 亿元，主营业务收入 98.82 亿元，占全镇纺织工业销售收入的 41.96%。

毛纺织业　1978 年，沙洲县妙桥羊毛衫厂筹建毛纺车间，为沙洲县首家毛纺企业。随后，境内鹿苑花园、巨桥大队和妙桥、塘桥等公社相继办起毛纺织企业。1980 年，妙桥毛线厂主要设备有精纺纱锭 4000 枚、绒线锭 4000 枚，有成条设备 2 台套、染色设备 6 台。1983 年，塘桥毛纺厂将毛纺设备改为型号机，有 2000 枚纱锭，职工 240 人，年产值 803 万元。1984 年，鹿苑建办毛精纺厂，主车间面积 1.06 万平方米。1985 年，欧桥村建办精纺厂，有成条设备 4 台，精纺锭 4800 枚，剑杆织机 18 台，年产值 3300 万元，实现利税 530 万元。

1994 年，普坤毛纺织染有限公司建成投产，总资产 4.3 亿元，其中固定资产 2.8 亿元，具有年产轻薄型精纺呢绒 500 万米的生产能力。1994 年 8 月，张家港市毛纺产业被江苏省政府、江苏省科委认定为张家港市支柱产业，而在张家港市建设的 5 个星火技术密集区中，塘桥、妙桥、鹿苑位列其中。1998 年，华芳集团毛纺织染公司拥有 6 万枚毛

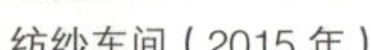

纺纱车间（2015 年）　　陈东　摄

纺纱锭，江苏鹿港毛纺集团有限公司拥有5.5万枚精梳毛纺织纱锭，其直接制条和纺线生产大多引进国际先进设备，年产化纤无结毛纱和花式纱2500吨。

2002年，境内有毛纺织企业90余家，生产毛线2.62万吨、毛条2.19万吨、精纺呢绒1709万米、特种纱1730吨。2004年，全镇有毛纺织染等企业163家，其中毛纺企业98家。拥有和毛机28台、梳毛机2147台、精梳机470台、制条针梳生产线105套、针梳机424台、粗纱机13007头/266台、细纱机431161锭/1045台、并线机16248锭/188台、捻线机109349锭/504台、络筒机12176筒/188台，其中自络筒机6160筒/96台。全镇毛纺织企业生产毛线3.93万吨、成条3.54万吨、精梳呢绒3003万米、特种纱3710吨。

2004—2005年，中国毛纺织行业销售50强名单中，张家港市普坤纺织实业公司以销售收入5.68亿元列26位，江苏鹿港毛纺集团有限公司列30位。2006年，华芳集团成为全球最大的精纺呢绒生产基地。2008年，全镇毛纺织企业销售收入96亿元，占江苏省毛纺织业销售收入的17.46%。

2011年，江苏鹿港科技股份有限公司年产各类针织纱4万吨，高档精纺呢绒面料700万米，成为全国最大的针织纱生产基地之一。2013年，全镇毛纺织企业生产毛纱7.54万吨、毛条1.18万吨、特种纱6587吨，生产精纺呢绒3719万米，占张家港市总量的41.95%。2016年，全镇共有毛纺织染企业508家，完成工业总产值73.11亿元，销售收入73.22亿元，占全镇纺织工业销售收入的31.09%。

针织业 民国期间，境内欧桥、金村等地有零星的手工针织，多为家庭副业。新中国成立后，1956年，塘桥、妙桥、鹿苑办有手工业针织社，一些农业社亦加工黄纱手套、袜子。1964年，境内欧桥大队率先办起手套厂，开始生产少量尼龙袜和尼龙衫裤。1968年，塘桥红星针织厂生产化纤棉手套，后又生产尼龙手套、腈纶衫裤。1970年后，塘桥、妙桥和鹿苑等公社相继办起妙桥羊毛衫厂、塘桥针织厂、鹿苑福利针织服饰厂等企业。妙桥地区各大队亦先后办起针织厂。

1982年，境内有针织服饰厂、针织帽业厂32家。1984年增至50多家，其中妙桥地区就有32家。1985年，针织产业总产值占沙洲县乡（镇）纺织工业总产值的9%，其中妙桥针织工业产值5298万元，占沙洲县纺织工业总产值的4.6%。针织业逐渐形成较大的产业规模、成为境内经济发展的重要支柱和特色亮点。

1994年，境内有针织企业36家、手摇横机1500台，全年生产针织布500吨、羊毛

电脑编织机车间（2015 年）
陈东 摄

针织纱生产车间（2015 年） 陈东 摄

衫 1800 万件、针织衫 1200 万件、针织帽 350 万只。境内妙桥依托羊毛衫专业市场的发展，从事针织业的家庭 6000 多户，经营资本逾 3 亿元，拥有手摇横机 1 万余台，电动横机 3000 多台，年产各类羊毛衫、羊绒衫 5000 多万件（套），妙桥成了社会化针织大工厂。

2002 年，境内有自动针织横机 3000 台，手摇横机 4 万余台，电脑圆机 200 多台，电脑绣花机 100 多台，年生产针织布 4430 吨、经纬编布 525 吨、袜子 268.96 万打、羊毛衫 4130 万件、针织衫 5883 万件、针织帽 1.08 亿万只、针织手套 21 万打、针织围巾 28 万条。境内针织企业多，毛针织品总量大，而总体技术装备水平和产品档次不高。2004 年，部分针织工业企业引进全自动电脑编织机，逐步淘汰落后染整设备和部分粗针手摇横机。全镇针织生产工业企业 258 家，毛针织生产企业 220 家。拥有针织横机 2.4 万台，其中进口全自动针织横机 1400 余台。针织圆机 1200 台，其中大型圆机 362 台。染整设备 100 多套，其中各类染色机 80 余台。各种后整理设备 20 多台套。生产棉针织服 3000 万件、针织布 9180 吨、经纬编布 960 吨、羊毛衫 3638 万件、针织衫 7039 万件、针织帽 1.27 亿只、针织手套 7 万打、针织袜子 77.97 万打、针织围巾 152 万条。

自 2006 年起，全镇针织企业加强设备更新。中达针织服饰制造有限公司拥有 3 针、5 针、7 针、10 针、12 针、14 针、16 针等针型的日本岛精、德国 STOLL 牌电脑横机 800 多台，成为全国拥有进口电脑横机最多的加工企业之一，年产高档羊毛衫 2000 万件。瑞群服饰、沁诺利针织服饰等多家企业亦继续增加技术投入，引进全自动横机 2000

多台。2010 年，全镇针织企业主营业务收入 65 亿元，其中 11 家规模以上针织企业资产总额 45 亿元。

2013 年，全镇 16 家规模以上针织企业资产总额 65.5 亿元，主营业务收入 77.2 亿元。2016 年，针织企业稳增长，调结构，加快转型发展。全镇针织企业 365 家，生产针织衫 1.38 亿件，其中高档羊毛（绒）衫 3500 余万件，完成工业总产值 63.35 亿元，销售收入 63.45 亿元。针纺织业销售收入占全镇纺织工业销售收入的 26.94%。

名优产品

华芳牌色织布 华芳牌色织布由华芳集团有限公司生产。该公司前身为 1981 年成立的沙洲县化纤纺织厂，1993 年，组建华芳实业总公司，成为江苏省内首家免冠行政区划的企业。1995 年，华芳实业总公司拥有棉纺纱锭 5.5 万枚，成为全国最大的乡镇棉纺企业。1998 年，更名为华芳集团有限公司，这是一家以纺织为主业、棉纺为核心的股份制企业。华芳色织布是华芳集团五大纺织产品中份额较大的工业产品，产品有宽幅、高支高密全棉、涤棉、麻棉、棉粘、亚麻天丝等细平布、青年布、米通布、泡泡布、绉布、弹力布等；还可根据客户不同要求，生产抗皱、防臭、免烫、麻绒等特殊品种。2002 年，华芳集团销售收入超 50 亿元，在全国棉纺色织企业中位列第三。2004 年，华芳商标被国家工商行政管理总局认定为中国驰名商标，华芳牌色织布为国家免检产品。2005 年，华芳集团棉纺织业规模已处于全国第二。华芳牌色织布被评为江苏省名牌产品和中国名牌产品。2008 年，华芳牌高支高密纯棉坯布被评为江苏省名牌产品。2013 年，

华芳集团纺织车间（2015 年） 陈东 摄

在中国棉纺织行业主要经济效益指标排名中，华芳集团棉纺织有限公司主营业务收入居第 2 位。2014 年，华芳牌纯棉精梳 Ne50、纯棉精梳 Ne40 荣获中国棉纺织行业用户满意色织用纱优秀奖。2015 年，华芳牌色织布经复评再次被认定为中国名牌产品，华芳商标被评为中国驰名商标。

华芳牌精纺呢绒 华芳牌精纺呢绒由华芳集团生产。1986 年生产的 A/T-P 纺织绒荣获江苏省科技特等奖。2005 年，华芳牌精纺呢绒（毛织品）被评为江苏省名牌产品。2006 年，H·FANG 精纺呢绒被评为中国名牌产品。旗下毛纺织染公司有精纺纱锭 15 万枚、剑杆织机 628 台，具有年产 1.4 亿吨毛纱、3000 万米精纺呢绒的能力，列全国首位。2013 年，旗下毛纺织染公司参与制定精梳毛条 FZ/T21008-2013 行业标准并经工业和信息化部发布。公司完成营业收入 147.81 亿元，列中国民营企业 500 强第 91 位。2015 年，公司生产的精纺呢绒上中国区域知名品牌示范区榜单，成为全球最大的精纺呢绒生产基地。华芳商标成为全国驰名商标。2016 年，华芳牌精纺呢绒经复评被认定为中国名牌产品。

普坤牌精纺呢绒 普坤牌精纺呢绒由张家港市普坤纺织实业有限公司生产。1992 年，公司全程引进意大利、德国、瑞士、英国、日本、美国等国家具有世界一流水平的生产设备和检测仪器，形成从毛条染色、纺纱到织布、后整理一条龙生产的配套体系。主要生产哔叽、花呢、贡丝锦、凡立丁、啥味呢五大系列 5000 余个品种的精纺呢绒。1994 年 8 月，在天津举行的全国纺织面料、辅料、服饰新品展示交易会上，公司生产的 22007 全毛高级轧别丁呢绒获全国纺织面料金奖，28003 高支全毛薄花呢绒和柔克斯金呢绒系列产品均获全国纺织品面料银奖。1994 年 10 月，在杭州举办的中国服装面、辅料博览会上，公司生产的驼丝锦呢、礼服呢和牙签呢 3 个产品均获全国金奖。1999

张家港市普坤纺织实业有限公司车间　　陈东　摄

年，普坤牌精纺呢绒被评为江苏省著名产品。2000年，普坤商标被评为江苏省著名商标。2002年，公司拥有精毛纺纱锭2.5万枚，无梭织机100台，年产普坤牌各类精纺呢绒600万米。2006年，公司拥有精毛纺纱锭4.5万枚，无梭织机200台，年产普坤精纺呢绒1000万米，产品80%远销日本、韩国、中东、欧美等国家和地区。2016年，该公司生产普坤牌精纺呢绒1500万米。普坤牌精纺呢绒经复评，被认定为江苏省名牌产品。

鹿港牌精梳毛针织绒线 鹿港牌精梳毛针织绒线由江苏鹿港文化股份有限公司（前身为江苏鹿港科技股份有限公司）生产。该公司拥有世界一流的羊绒制条、羊绒纺纱、腈纶制条、丝束染色、精纺纱绒、半精纺纱绒和呢绒织造等设备，年产羊绒条200吨、腈纶有色收缩短纤和腈纶有色收缩毛条4000吨，产品远销东南亚、欧美10余个国家和地区。2002年生产的仿羊绒系列产品获江苏省优质产品。2005年，公司销售收入6.9亿元，位列全国针毛纺行业前50强。公司生产的鹿港精梳毛针织绒线被评为江苏省名牌产品。2011年5月，公司毛纺织业在上海证券交易所主板挂牌上市。2016年，仍是全国最大的针织纱生产基地之一。

细纱车间（2016年） 邹玉萍 摄

欧桥精纺呢绒 欧桥精纺呢绒由江苏欧桥精纺有限公司生产。其前身为江苏欧桥精纺厂。1987年，该厂主要设备有粗纺锭900枚，精纺锭5000枚，剑杆织机40台，梳毛机5台。全年产值6554万元，利税361万元。主要产品有针织绒、精粗纺呢绒，年产羊毛条腈纶条8500吨，32支腈纶纱120吨，华达呢和花呢10万米。产品远销多个国家和地区。1988年，被江苏省人民政府评为江苏十大创汇单位，生产的824腈纶针织绒获农业部飞龙奖。1989年，该公司生产的双抗单面花呢被评为苏州市新产品，获江苏省科技三等奖；826针织绒被评为江苏省优质产品。1990年，TD38003双抗高级薄花呢荣获江苏省金牛奖。2001年，凤冠牌呢绒被认定为苏州市名牌产品。2003—2005年，公司对纺织、后整理车间进行全方位的技术改造，引进德国、意大利、瑞士等国家染色、纺织、后整理等先进设备数百台套。2008年，该公司有细纱锭3.5万枚，剑杆织机72台，生产精纺呢绒230万米、粗纺呢绒20万米，产品远销美国、日本、加拿大、东南亚、中东等国家和地区，位列张家港市百强企业。2013年，年产精纺呢绒6000万米、粗纺

后整理车间（2016 年） 马仲刚 摄

联宏纺织车间一角（2016 年） 钱向红 摄

呢绒 100 万米。2013 年 12 月，该公司成为江苏省精纺呢绒优质产品示范区。2016 年该公司出口欧盟的精纺呢绒通过有害物质检验。

联宏纱线和毛衣制品 联宏纱线和毛衣制品由江苏联宏纺织有限公司生产。2002 年，公司通过 ISO9001:2008 质量管理体系认证。

2006—2010 年，公司投入技改资金 3 亿元，从德国引进细络联精纺设备、全自动电脑横机，从意大利、日本、法国引进高端精纺设备，同时将走锭纺的机械传部件改造为智能数控。拥有年产各类羊毛（绒）衫 200 万件、各类粗纺毛纱 2000 吨、各类高支混纺半精纺毛纱 500 吨、精纺毛绒 1500 吨、毛条 2000 吨的能力，产品出口欧美、日本、东南亚等 20 多个国家和地区。公司通过设备改造、引进后，粗精纺的生产品种扩展到高支羊绒纱、全毛纱、混纺纱等多门类宽领域产品。80% 以上的纺织装备达到国际先进水平，为开发新产品、打造名优产品夯实了基础。2012 年，公司生产的芳香保健型纳米抗菌羊绒针织物被评为江苏省高新技术产品。

2013 年，公司获得 ISO14001:2004 环境管理体系认证证书，并被批准为江苏省多功能新型纱线材料工程技术研究中心。公司研发的雪兰牌羊绒衫、蓝克恩芸混纺羊毛衫，被评为苏州市知名产品，2014 年被评为江苏省名牌产品。2015 年，公司“购置全自动配料管理系统生产多种纤维混纺纱线技术改造”项目入选省重点项目。至 2016 年，公司已成功申报 38 项国家实用新型专利、6 项国家发明专利、3 项江苏省高新技术产品项目，公司研发的纳米微晶功能性羊绒混纺针织品被评定为江苏省高新技术新产品。

瑞群牌羊毛衫 瑞群牌羊毛衫由江苏瑞群服饰有限公司生产。1999 年，公司荣获上海国际创新设计博览会创新设计奖。2002 年，荣获北京羊毛衫销售三强奖，并通过 ISO9001 国际质量体系认证。2006 年，荣获中国毛针织服装行业最具品牌竞争潜力企业

瑞群羊毛（绒）衫样品间（一）（2014 年） 钱群益 摄

瑞群羊毛（绒）衫样品间（二）（2014 年） 钱群益 摄

50 强。2008 年，公司拥有德国 STOLL 电脑横机 108 台、国产先进的精细针织横机 2400 余台、毛线生产线 3 条、纱锭 8000 枚，年产高级羊毛衫 50 万件，产品畅销全国 30 余个大中城市，在 100 余家商场有专柜。2008 年，瑞群商标被评为江苏省著名商标。

大唐公主家纺 大唐公主家纺系列产品由江苏大唐纺织科技有限公司生产。大唐公主家纺产品有全棉套件系列、亚布革席系列、真丝睡衣系列和羊毛被、蚕丝被等各种被类系列等。2005 年，产品销售收入 3000 万元。2006 年，大唐公主被评为苏州市名牌产品和苏州市知名商标。同时，大唐公主家纺系列产品成为江苏省消费者协会推荐产品。2008 年，大唐公主荣获江苏省名牌产品、江苏省著名商标称号。2010 年，公司参加张謇杯 2010 年中国国际家纺产品设计大赛，选送的“大唐公主 · 魅力东方”作品获国际流行趋势应用设计奖银奖，“大唐公主 · 古韵悠然”作品获品牌产品设计奖优秀奖。2014 年经复评，大唐公主家纺系列产品（配套床上用品）被认定为江苏省名牌产品。2016 年，大唐公主被评为江苏省著名商标。

大唐纺织公司产品展示厅（一）（2008 年） 唐利刚 摄

大唐纺织公司产品展示厅（二）（2008 年） 唐利刚 摄

针纺织品专业市场

妙桥羊毛衫市场 20世纪90年代初期，妙桥镇羊毛针织工业发展迅猛，家庭式生产形式普遍。1992年，全镇有各类手工、电脑针织机械和设备1.5万余台（套），有6000多农户生产、经营羊毛衫，形成纺、织、染、整、成衣一条龙服务，妙桥成为全国最大的针织品产地。1992年8月，妙桥镇政府利用妙桥集镇东侧关闭的一家亏损企业，因陋就简创办张家港市针织品专业市场，最初有摊位100余个，后经3次扩建，摊位数逐渐增至1000余个。市场成立当年日客流量近万人，年成交总额8000余万元。

1993年，妙桥镇兴建第一羊毛衫交易市场。市场占地面积2万平方米，建筑面积1万平方米，设有2200个整齐划一的摊位。市场内羊毛衫花色繁多，款式新颖，经营品种超过3000个。同时，产品不断更新换代，形成“一天一个样，三天成批量”的发展态势。1993年，妙桥羊毛衫市场日均客流量3万余人次，日均车流量1000余辆次，年成交额超过10亿元，跻身江苏省十大工业品市场前五名。

1994年5月，第二羊毛衫交易市场建办，总投资5000万元，占地6万平方米，建筑面积3万平方米，设有羊毛衫门市部1100个、毛纱门市部60个，并有信息、通信、保险、运输、停车、食宿、娱乐等配套设施。妙桥羊毛衫信息中心与全国47个大中城市进行信息联网。1994年9月，市场更名为妙桥·中国羊毛衫商城。1994年，商城成交总额18亿元，成为全国羊毛衫重要集散中心，固定经商人员超过5000人，主营金妙桥牌纯羊毛衫。

1995年，商城投资4000万元建造第三羊毛衫交易大楼，市场日客流量5万人次，车流量1500辆次，日销羊毛衫5万件、毛纱20余吨，产品覆盖全国各地，远销俄罗斯、韩国、中亚等国家和地区。1995年，市场成交总额35亿元，名列江苏省十大工业品市场第二位，并被评为全国文明市场。1996年，商场有出租摊位、门市部3477个，成交

妙桥·中国羊毛衫商城（1995 年） 陈东 摄

市场一角（2000 年） 陈东 摄

总额 40 亿元。

1997 年，受国内外市场低迷、少数经营户不重视商品质量等影响，市场人气开始下降，交易额日趋萎缩，摊位、门市部出租率愈来愈低。妙桥镇提出“一业为主，多业并举”的发展思路，在商城第三交易大楼内开设张家港百货商城，并到安徽、浙江等地进行招商，浙江海宁皮装精品皮鞋和柯桥服装经营者先后进驻商城。1997 年年末，市场开摊率比年初增长 30%，年成交总额 43.21 亿元。但羊毛衫市场仍萎靡不振，交易不断滑坡。自 1999 年起，市场内部不断调整结构，将第一交易市场改建成近百个门市部，开辟精品区；在第二交易市场迁入 20 家个体生产户，形成数百万件成衣加工区，改市场单纯销售为销售加工一体化经营。销售方式由零售为主变为批发为主，并把固定摊位销售与外出展销相结合，全年成交额 5 亿元。2000 年，市场出租摊位、门市部 526 个，完成场内交易 10 亿元。2001 年，市场引进瑞群、兰珂、红豆、啄木鸟、鳄鱼等羊毛衫品牌，增强了市场竞争力，2001 年市场成交额 9.1亿元，2002 年，市场成交额 17.37 亿元。

2003 年 8 月，妙桥镇并入塘桥镇。妙桥羊毛衫市场区域优势不再，2003 年，仅有固定经营户 236 户，成交额 8.5 亿元。2005 年，张家港市政府和塘桥镇政府为振兴原羊毛衫市场，在塘桥工业集中区西南部、204 国道旁兴建塘桥国际针纺城，妙桥羊毛衫市场经营户迁入，原址停业。

塘桥国际针纺城 塘桥国际针纺城由原妙桥羊毛衫市场搬迁转型而成。它依靠先进规范的经营管理，着力建成江苏省针纺产品交易中心。其位于张家港市塘桥、凤凰二镇交会处，204 国道旁塘桥工业集中区内。2006 年 8 月建成并开业，项目总投资 6 亿元，占地 6.77 万平方米，建筑面积 7.5 万平方米，是张家港市政府为振兴原妙桥羊毛衫市场而重点扶持的三产项目。主要建筑为主营业房、中轴步行街和大型停车场等配套设施，是一个功能完善、高效率运营、形象优良的专业批发市场。针纺城分交易区、综合服务区。交易区为针纺城主体部分，由针织、毛纱、纺织原辅料和针纺机械四个区域组成，它以新型现代市场的规划标准进行建设，采用门店开放式布局，打破传统封闭的摊位式格局。综合服务区设集综合商务楼、住宿餐饮娱乐于一体的商务酒店及大型停车场，更有政府配套建设的长途客运中心和物流中心，为客商提供优良的配套服务。2007 年，入场固定经营户 200 多家，年成交额近 4 亿元。2010 年，塘桥国际针纺城更名为塘桥国际商贸城，入场固定经营户增至 300 多家，知名羊毛衫、羊绒衫品牌纷纷入驻，有鄂尔多斯、恒源祥、雪竹、鹿王、梦特娇、浪莎、海讯、美伦、成达、永新、步人、恒大、达达红星、诸氏方圆等，塘桥镇纺织骨干企业入驻的品牌有华芳、普坤、鹿港、瑞群、兰珂、中达、协昌等。

2012 年，塘桥国际商贸城开通羊毛衫电子商务系统，客户足不出户即可了解市场的实际情况，既可进行网络宣传，又可在网上进行批发交易。2016 年，塘桥国际商贸城 350 余家固定经营户通过网上销售和市场批零交易相结合，年成交总额逾 20 亿元，其中场内成交额 7.06 亿元。

塘桥国际商贸城（2010 年） 郭征农 摄

围棋之乡

江苏省围棋之乡牌匾（2002 年） 张金祥 摄

围棋自古以来就是文人雅士偏爱的一项娱乐活动。围棋对局，变化无穷，风云莫测，非常人所能为。北宋科学家沈括曾推算过，围棋的变化大约是 1 后面加 172 个 0，这数字即使是现代计算机也难于穷尽其妙。然而，在张家港市塘桥镇，农民、职工也会下围棋，千人家庭围棋赛中有 1/3 是农民和职工。1990 年，全镇会下围棋的有 3000 余人。1990 年 7 月，国家体育运动委员会授予张家港市全国围棋之乡称号。1991 年 12 月，江苏省体育运动委员会授予塘桥镇江苏省围棋之乡称号。1984—2016 年 30 余年间，从几乎无人懂围棋，到发展、推广为全国闻名的围棋之乡，全镇 9 万人中有 1 万余人会下围棋，其中农民、职工有 3000 多人。举办围棋文化节 10 届，举办千人围棋赛 4 次，参加全国围棋之乡邀请赛 8 次，承办过中国围棋天元赛、中国围棋名人战、中国围棋甲级联赛、中日围棋高手对抗赛，其他各种围棋赛事更是数不胜数。当今围棋界主要国手几乎都到过塘桥，棋圣聂卫平担任塘桥围棋协会顾问。

围棋普及

围棋兴起 1984 年 7 月，塘桥乡文化站站长张金祥在塘桥中心小学开办第一期围棋培训班。为便于少年儿童学棋，张金祥自制 13 路围棋盘，自编一套 200 句学围棋口诀，并印成小册子在学校和社会上传播，很受广大师生和初学者欢迎。之后，在乡（镇）领导支持下，塘桥镇围棋协会成立，围棋活动逐渐向全镇中小学推广。1987 年 8 月，塘桥镇业余围棋学校在中心小学挂牌。自 1988 年开始，全镇中小学校把围棋作为校本课程

张金祥上围棋课（1986 年） 徐惠东 摄

聂卫平与张金祥复盘（1990 年） 徐惠东 摄

固定下来，围棋活动在全镇 13 所中小学校推广，并开始辐射社会。1989 年，全镇 2 万多人口中，会下围棋的有 2700 多人，约占总人口的 1/10。因塘桥围棋活动开展广泛，且逐渐辐射全市，1990 年 7 月，张家港市获全国围棋之乡荣誉称号。1991 年 12 月，塘桥镇获江苏省围棋之乡称号。从此，塘桥围棋活动向着更高目标发展。

"围棋活动一定要从娃娃抓起"，这是 1986 年聂卫平在塘桥中心小学留下的愿望。为实现这个愿望，1992 年 3 月，塘桥镇成立星星围棋研究会，首先在 3 所幼儿园推广围棋活动，把围棋学校自编的《十三路围棋启蒙教材》等 4 册书作为校本教材。1992 年 4 月，参加全国劲松杯围棋赛的 30 多位老同志到塘桥访问，塘桥组织部分幼儿与老干部进行寿星与幼苗友谊赛；8 月，又组团参加在张家港市举行的全国围棋之乡邀请赛，幼儿组获得团体冠军。1995 年 7 月，全镇举办围棋夏令营集训，88 位优秀小棋手参加。为了发展围棋事业，塘桥镇围棋协会在全镇中小学继续做好普及和推广工作，开设围棋地方课程，建立围棋兴趣小组，经常组织学生交流比赛。1999 年 9 月，在塘桥中心小学举行千人定级、定段围棋大赛，时任江苏省教委副主任周德藩等 20 多人到赛场视察。

围棋推广 进入 21 世纪，"让围棋走进千家万户"已成为塘桥人的共识。学生回家教父母、爷爷、奶奶、亲戚、朋友下棋，围棋骨干走进社区、机关、企业、家庭传授方法，激发一个个家庭、社区、群体热爱围棋，参与到围棋活动中去。

2003 年并镇后，塘桥镇把围棋文化引入妙桥、鹿苑片区，分别在两个片区设立围棋培训点，由专职老师利用围棋培训、社区活动、下乡辅导、围棋画廊、有线电视等平台，宣传、推广学校围棋、社区围棋和家庭围棋。 2005 年，在镇文化中心建立围棋宫，创建全国围棋育苗工程少儿围棋培训基地，聘请聂卫平高徒黄希文执教，苏州棋院章德辉每周利用双休日对一批围棋苗子下指导棋。2006 年，从南京等地选聘 7 名围棋专业教师，连同张家港市、塘桥镇围棋教师共 10 余人，常年为中小学、幼儿园上围棋课，利用节假日在围棋培训基地、少年宫上课授艺。为让社会青年、职工、干部、妇女参与围棋活动，2007 年 7 月，建成金塘桥围棋培训中心，常年培训与短期培训相结合。随着围棋培训载体不断完善，交流、比赛频次增多，喜爱围棋的人也越来越多。在各级各类围棋比赛中，塘桥棋手得到锻炼，围棋整体水平有所提高。2011 年 11 月 13 日，《围棋报》以“年年不断，生生不息”为标题，用整版篇幅介绍塘桥传承围棋文化的历程。

至 2016 年，塘桥镇先后举办过围棋文化节、千人围棋赛、百户家庭围棋赛、青少年围棋赛、幼儿围棋赛、围棋大奖赛、节假日围棋赛、城际围棋赛、沪苏“双塘桥”赛、全国围棋之乡邀请赛等各类比赛，承办过中国围棋名人战、中国围棋天元赛、中日围棋高手对抗赛、中国围棋甲级联赛等赛事。2016 年年末，全镇有围棋爱好者 1 万多人，通过定级、定段的棋手 3000 多人，其中获得职业初段 1 人、业余四段（含）以上 65 人。在各级各类围棋赛事中，获得苏州市级（含）以上团体和个人较好名次 100 多个。

围棋培训

培训学校——塘桥聂卫平围棋学校 1987年，围棋活动已在塘桥镇推广开来。许多中小学生通过培训和比赛，已经喜欢上白子和黑子。塘桥镇文化站站长张金祥萌生在学校开设围棋课，让更多人爱上围棋的想法。塘桥镇政府、塘桥镇围棋协会和塘桥镇中心小学进行协调沟通，决定在学校开设围棋课。1987年8月末，塘桥业余围棋学校在塘桥中心小学正式挂牌成立，第一任校长马基。马校长提出“以棋养德，以棋育智，以棋健体”的办学思路，将围棋纳入全校各年级课程，每班每周两节。当时，围棋专职教师只有1人，全校班级多，师资力量不够，就请苏州棋院章德辉教练、塘桥镇文化站站长张金祥先培训教师。教师学得快，学会了再教学生。就这样解决了教师紧缺的问题。

塘桥聂卫平围棋学校揭牌仪式（2011 年） 陈东 摄

塘桥业余围棋学校周周有培训、比赛，学校画廊期期有围棋内容，爱学围棋的人越来越多。1998 年 9 月，围棋活动在其他小学深入推广，全镇 12 所小学从一年级到六年级都开设了围棋课。塘桥初级中学紧随其后，两所幼儿园也开设围棋启蒙课。

进入 21 世纪，塘桥围棋进入一个提升阶段，目标是提高授课质量，尽快培养围棋尖子。为此，塘桥镇从南京、武汉、重庆、安徽等地聘请 7 名围棋专职教练，直接进校园上围棋课，把正规围棋课与课余、节假日围棋课结合起来。

2011 年 11 月 4 日，塘桥业余围棋学校更名为塘桥聂卫平围棋学校，聂卫平和塘桥镇领导在塘桥中心小学举行揭牌仪式。用“聂卫平”名字冠名，标志着围棋已成为塘桥镇、塘桥中心小学的一张靓丽名片。塘桥镇更加重视围棋学校，拨款加强师资力量，完

教师上围棋课（2016 年） 陈东 摄

千人家庭围棋赛上“小不点”下围棋（2006 年） 张维民 摄

善围棋校本课程，成立围棋校园网，强化小太阳围棋队训练。

2015 年，围棋学校通过围棋网站、围棋长廊，开辟围棋历史、棋人棋事、围棋与人生等栏目。在校园文化中，设置“黑白围棋”文化景观，把围棋文化融入校园文化。2016 年，围棋学校创作、表演的《黑精灵、白精灵》围棋节目获得江苏省文艺演出二等奖。

曹大元在培训基地下指导棋（2015 年）　陈东　摄

培训基地——全国围棋育苗工程十佳育苗基地　2004 年，塘桥镇文体中心围棋特色展览馆落成。2004 年 7 月，建成两个楼面约 2000 平方米的围棋宫。2005 年 5 月，全国围棋育苗工程少儿围棋培训基地成立。基地设在围棋宫，培训对象为中小学生和幼儿，聘请聂卫平弟子、职业 6 段棋手黄希文挂帅执教，苏州棋院章德辉为兼职教练。培训目标为：名师导向，提高普及；娃娃抓起，培养新苗；创出特色，打出品牌。

该基地有大、小教室 2 个，教室里有挂子式超大型教练盘、磁性大型讲解盘、简易型初级讲习盘。另有 9 个对弈室。棋具有玻璃子，也有云子。每个教室和对弈室布置得简朴而典雅。教室墙上有当地名人的书法，对弈室内外都有 1 ～ 2 幅蕴含围棋棋理的局部图，共 12 幅，图文精美。每幅局部图都以生肖形象展示，有老鼠偷油、金鸡独立、双虎张势、黄鹰搏兔等等。每到双休日或节假日，两个教室和 9 个对弈室同时开放，一

围棋局部图（一）（2015 年）
唐林康　摄

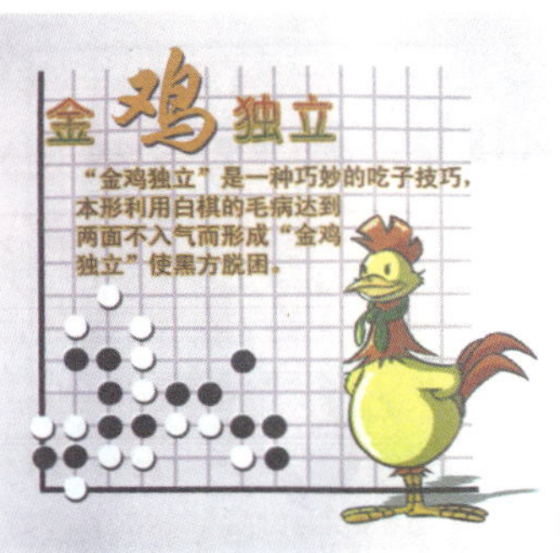

围棋局部图（二）（2015 年）
唐林康　摄

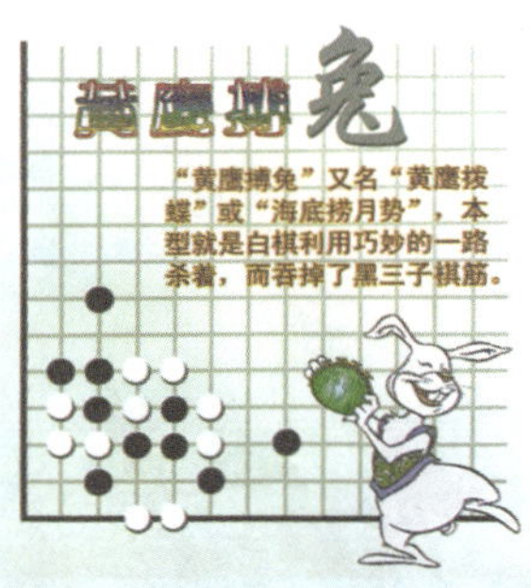

围棋局部图（三）（2015 年）
唐林康　摄

次可容纳300余人。至2016年，基地已累计培训3500余人次。2006年，该基地被评为全国围棋育苗工程十佳育苗基地，塘桥镇文化站站长管福军获十佳园丁称号。

培训教材——自编围棋初级、中级教材 在围棋普及、推广阶段，全镇各培训机构、中小学校和初学者使用的培训教材是《跟我学围棋》和《十三路围棋启蒙教材》。《跟我学围棋》由聂卫平任总顾问，塘桥业余围棋学校（后改名为塘桥聂卫平围棋学校）校长李云刚，专职围棋教师、业余5段棋手管福军为主编，虞志高、张振石、王国兴、顾维亚为副主编。该书主体部分设25个课时，书尾附有200句围棋口诀和76句围棋儿歌，由浅入深，通俗易懂。这是塘桥业余围棋学校多年来进行课题研究的结晶和成果。另一本《十三路围棋启蒙教材》是由塘桥镇文化站站长、塘桥围棋创始人、业余5段棋手张金祥历时3年编写而成。该套教材内设布局、气打长提、中盘常识、眼和死活、打劫、作战要领、收官、点棋、全局精解和附件10个部分，主体部分设48课时。

在围棋发展、提高阶段，塘桥各学校和围棋爱好者使用的教材是由塘桥围棋教练、聂卫平高徒、职业6段棋手黄希文编写的《围棋中级教程》。另一套仍是由塘桥业余围棋学校编写，校长李云刚和专职围棋教师刘益峰任主编的《趣味围棋》。这套教材

《十三路围棋启蒙教材》(2016年）
唐林康 摄

《跟我学围棋》教材（2016年）
唐林康 摄

《中级围棋教程》(2016年）
唐林康 摄

中级围棋教材《趣味围棋》（2016年）
唐林康 摄

共设 12 课时，最大特点是在后半部分载入宋代张拟撰写的《棋经十三篇》，包括一篇棋局、二篇得算、三篇权舆、四篇合战、五篇虚实、六篇自知、七篇审局、八篇度情、九篇斜正、十篇洞微、十一篇名数、十二篇品格、十三篇杂说，并将古文译成现代文，供中高级棋手学习、研究。

随着塘桥镇围棋活动的深入，棋艺整体水平的提高，塘桥镇开始多方面、多渠道引进高级教材，如中国棋院编写的系列教材，聂卫平编写并亲自送给塘桥的《聂卫平揭秘围棋大局观》，日本棋手和其他高手编写的各类围棋图书作为教学和自学教材。

围棋文化节

1999—2009 年围棋文化节　1999 年 11 月 7—8 日，塘桥镇首届围棋文化节举行。活动地点设在张家港市普坤纺织实业有限公司和塘桥中心小学。全镇共有 300 余人参赛，其中有学生、职工、机关工作人员和 12 个村的农民。比赛设学生、青年、老年、家庭等组别。经过两天比赛，共决出 36 名获奖选手。同时还举行京、沪、宁三市新闻工作

少儿围棋赛（2004 年）　张维民　摄

定级定段大赛（2006 年）　管福军　摄

者围棋对抗赛作为围棋节的组成部分，聂卫平等职业棋手和塘桥业余棋手进行一对八、一对一的让子棋指导赛。

2000 年 5 月 16 日，第二届围棋文化节举行。活动地点设在华芳集团华芳园。这届围棋节设中日围棋高手对抗赛和中日业余棋手友谊赛两大赛事。中日围棋高手对抗赛，由中国棋院和日本关西棋院各派出 3 名棋手对弈，中日棋手一对一共下 3 盘。经过 3 个多小时较量，日方以 2 比 1 获胜。中日业余棋手友谊赛，由中日双方各派出 14 名业余棋手对弈，塘桥队代表中国参赛，最终中国队以总比分 10∶4 战胜日本队。

2004 年 9 月 27—29 日，第三届围棋文化节举行。开幕式在塘桥高级中学大操场举行，比赛设在塘桥少年宫进行。围棋赛事共设全镇围棋赛、市级围棋赛、塘桥与常熟成人对抗赛、塘桥与镇江少年儿童对抗赛、家庭围棋赛、老年围棋赛和少年儿童围棋赛、江苏省棋院邵震中让子棋指导赛等 8 个系列，其中塘桥棋手共 862 人。经过两天比赛，8 大系列共决出 42 名获奖棋手。

2006 年 9 月 20 日至 10 月 10 日，第四届围棋文化节举行。开幕式在塘桥高级中学体育场举行，棋赛在塘桥少年宫进行。全镇共有 600 余人参赛，设幼儿、青少年、老年、家庭围棋赛和少儿围棋定级、定段赛，共有 262 人获得业余定级、定段证书。10 月 10 日，在巨桥润泰广场举行闭幕式，塘桥镇与中央电视台联合举行“金塘桥激情广场”文艺演出和授奖仪式。

2009 年 5 月 22—23 日，第五届围棋文化节举行。系列赛事之一的塘桥幼儿围棋赛分大、中、小三个级别，参赛幼儿 148 人，赛场设在鉴真东渡纪念馆，共有 36 位幼儿

中国移动上海队对阵北京新兴地产队（2009 年）　陈东　摄

聂卫平在塘桥围棋文化节上为棋迷讲棋（2009 年）　陈东　摄

获奖。2009 中国围棋甲级联赛（简称围甲联赛）是由中国移动上海队对阵北京新兴地产队，三盘慢棋设在东渡苑大唐茶坊举行，一盘快棋设在大海船（模仿鉴真东渡海船建）对弈，最后中国移动上海队战胜北京新兴地产队。23 日，棋圣聂卫平在东渡纪念馆开设讲棋会，400 余名棋迷聆听讲解。

2010—2016 年围棋文化节 2010 年 6 月 11—12 日，第六届围棋文化节举行。11 日下午举行开幕式。12 日上午，在东渡苑广场举行百户家庭围棋赛，参赛家庭 138 户，棋手 414 人，共决出 48 户获奖家庭。下午，在东渡寺举行 2010 围甲联赛，由中国移动上海队对阵安徽宁国市政队，最后，安徽宁国市政队战胜中国移动上海队。在东渡苑广场一侧，聂卫平和张璇为塘桥观众现场讲棋，对常昊和孙腾宇的一盘快棋赛进行点评。

2013 年 6 月 15 日，第七届围棋文化节举行。上午，在金村文化广场举行开幕式后，百户家庭围棋赛开赛。全镇选出的 108 户家庭分成 7 个组对弈，至下午 4 时，决出 42 户家庭分获一、二、三等奖及优胜奖。在金村古民居园茂里，2013 围甲联赛同时开赛，由山东景芝酒业队对阵由马晓春领衔的浙江古井贡酒队，最后，山东景芝酒业队战胜浙江古井贡酒队。同日，在园茂里另一个赛场，第二届双塘桥杯友谊赛进行，塘桥围棋队代表苏州市队与上海市浦东新区塘桥街道围棋队（简称双塘桥）对弈，双方各出 8 位棋手，经过两轮比赛，塘桥围棋队以净胜局数多于对方而获得优胜杯。

2014 年 6 月 27—29 日，第八届围棋文化节举行。活动地点设在东渡苑。主要赛事有 2014 围甲联赛、大唐杯百户家庭围棋赛和双塘桥杯友谊赛。围甲联赛设在东渡苑大

大唐杯百户家庭围棋赛（2014 年） 陈东 摄

辽宁队与山东队棋手对弈（2014 年） 陈东 摄

唐茶坊，由辽宁觉华岛队迎战山东景芝酒业队，结果辽宁觉华岛队战胜山东景芝酒业队。百户家庭围棋赛设在东渡苑广场，共有 120 个家庭近 400 人参赛。经过一天比赛，有 48 户家庭分获一、二、三等奖。双塘桥杯友谊赛，经过两轮比赛，塘桥围棋队以总比分 9 比 7 战胜对方获优胜奖。

2015 年 10 月 16—17 日，第九届围棋文化节举行。活动地点设在塘桥中心小学和塘桥文化中心。16 日下午举行开幕式。17 日上午，2015 围甲联赛开赛，由华泰证券江苏队对阵山东景芝酒业队，结果华泰证券江苏队完胜山东景芝酒业队。同时举行棋迷系列

第九届围棋节开幕式（2015 年） 陈东 摄

赛，共有 200 余名选手参赛，分幼儿、少年、成人、老年、妇女等共 12 个组别，各决出前 6 名获奖。还举行名人指导棋系列赛，中国棋院原院长王汝南和职业棋手曹大元、陈盈、章德辉 4 人与塘桥镇 12 位棋迷进行指导棋让子车轮赛。下午，王汝南与职业初段棋手陈盈，就华泰证券江苏队对阵山东景芝酒业队的一盘快棋，作了通俗易懂的解读，500 余名棋迷聆听讲解。

2016 年 9 月 10 日，第十届围棋文化节举行，活动地点设在塘桥中心小学和塘桥文化中心。赛事有 2016 围甲联赛、张家港市百户千人家庭围棋赛、双塘桥杯友谊赛。上午，山东景芝酒业队迎战河北新奥队，经过一天快慢棋角逐，河北新奥队战胜山东景芝酒业队。同时进行双塘桥杯友谊赛，双方各派出 8 名业余棋手，经过一天两轮比赛，上海浦东塘桥街道围棋队以净胜局多于对方而获得优胜杯。同日，还举行张家港市百户千人家庭围棋赛，来自全市 112 户家庭编成 7 个小组，以户为单位进行比赛。经过一天比赛，共决出冠军 7 个、亚军 14 个、季军 21 个。另有王汝南、曹大元、塘桥首个职业初段棋手蔡文鑫与塘桥棋迷进行指导棋赛。

职业初段棋手陈盈下指导棋（2016 年）　　陈东　摄

塘桥首个职业初段棋于蔡文鑫　对四友谊赛（2016 年）　　陈东　摄

围棋赛事

在塘桥围棋30年的发展历程中，举办、承办和参与过多次大大小小、各种类型的赛事，其中级别较高、影响较大的大型赛事有千人围棋赛、中国围棋天元赛、中国围棋名人战、中日围棋高手对抗赛、中国围棋甲级联赛、全国围棋之乡邀请赛等。

千人围棋赛 1985年10月13日，塘桥乡举办首届千人围棋赛。地点在塘桥中心小学。这天一早，小学操场上插满彩旗，参赛者们有秩序地在各个区域纵向站立。在举行简短的开幕式后，1806位参赛选手分28个赛场进行比赛。下午4点多钟，各组比赛结束。当天，有江阴、无锡、常熟、太仓的棋界朋友前往观战，上海《新民晚报》及时报道塘桥千人围棋赛情况。

1995年8月26日，塘桥镇在南京路上举行千人围棋赛。在镇政府大院门前专门辟出长约150米、宽约25米的长方形区域作为比赛场地。场地内整齐地排放着300余张课桌、600余条长凳。参赛棋手1242人，采用积分编排制。棋手中有农民、职工、干部、学生、教师、幼儿等，年龄最小的6岁，最大的78岁。对局中有夫妻对弈，有祖孙切磋，有师生手谈，别有情趣。日本金泽市的20余名棋手也参加了比赛。

在韩山社区广场举行千人家庭围棋赛（2006年） 张维民 摄

2006年12月2日，塘桥镇千人家庭围棋赛在韩山社区广场进行。比赛主题是：重在参与，团结和谐；全面普及，提升实力。这次活动有 350 余个家庭、1000 余人参加比赛。按比赛规则，采用积分编排制，以户为单位，每户出席 3 人，抽签决定对手（户），两两对弈；每人下一局，三局中以赢局多者为胜。然后胜者再战，直至决出名次。选手中有四五岁娃娃，也有古稀老人。对局中出现姑嫂斗智、妯娌比试的罕见场面。

在镇文化中心举办张家港市百户千人家庭围棋赛（2016 年） 陈东 摄

2016 年 9 月 10 日，在镇文化中心举办张家港市百户千人家庭围棋赛。此次活动并非单独举办，是塘桥镇第十届围棋文化节的组成部分（参见本志“围棋之乡 · 围棋文化节 · 2010—2016 年围棋文化节”）。

首届中国围棋天元赛 1987 年 3 月 8 日 9 时，在塘桥化纤纺织厂二楼大会议室，首届中国围棋天元赛首轮决赛开幕式举行。聂卫平、马晓春、曹大元、曹志林、俞玉昌、沈惠章、徐世平、蒋士枢 8 位围棋界高手，以及张家港市政协主要领导，市体委主任，塘桥镇党委书记、镇长等出席开幕式。上海棋社社长俞玉昌向塘桥镇赠送绣有“围棋之乡”的锦旗。

1987 年 3 月 9 日 9 时 30 分，中国围棋天元赛首轮决赛在塘桥化纤纺织厂宾馆落子，由聂卫平挑战马晓春。上午开局平稳，双方势均力敌。下午 3 点左右，因马晓春比聂卫平多出一个劫材，最终聂卫平惜败，马晓春首战

首届中国围棋天元赛聂卫平挑战马晓春（1987 年） 张金祥 摄

第九届名人战暨中日高手对抗赛开幕式（1996 年） 徐惠东 摄

告捷。首届中国围棋天元赛决赛采用的是三局两胜制，首轮决赛选在塘桥镇，二轮、三轮决赛移师上海。

昆仑杯中日围棋高手对抗赛 1996 年 10 月 20 日，昆仑杯中日围棋高手对抗赛在塘桥镇华芳集团华芳公园举行。时任中国棋院副院长王汝南带领聂卫平、刘小光、曹大元等中国棋手，日本昆仑会会长小林朗率领日本关西棋院的本田邦久、苑田勇一、结城聪等参加。

按照商定，中日双方各派出 3 名在 1996 年度战绩最佳的棋手参加对抗赛，同时各派出 47 名业余棋手举行中日围棋友谊赛。中方派出的是曹大元、俞斌、刘菁，日方派出的是本田邦久、苑田勇一、结城聪。经过猜先，中方棋手曹大元执黑对阵日方棋手苑田勇一，日本棋手本田邦久执黑对阵中国棋手俞斌，日本棋手结成聪执黑对阵中国棋手刘菁。经过 6 个多小时搏杀，中方棋手曹大元、俞斌、刘菁分别战胜对手，中国队以 3∶0 完胜日本队，捧走昆仑杯。

在中日围棋高手对抗赛期间，47 对中日业余棋手在华芳公园四宜堂西侧的林荫道旁进行友谊赛。47 位塘桥业余棋手均为青少年，最大 36 岁，最小 10 岁；47 位日本棋手均为中老年，业余段位高，经验丰富。开赛后约半小时，塘桥棋手 29 岁肖景尧、10 岁秦希、11 岁王静首先战胜日本棋手 83 岁高龄的三木一郎、69 岁的高田彰和 59 岁的兵

羽根泰正为中日业余棋手复盘（1996 年）　　徐惠东　摄

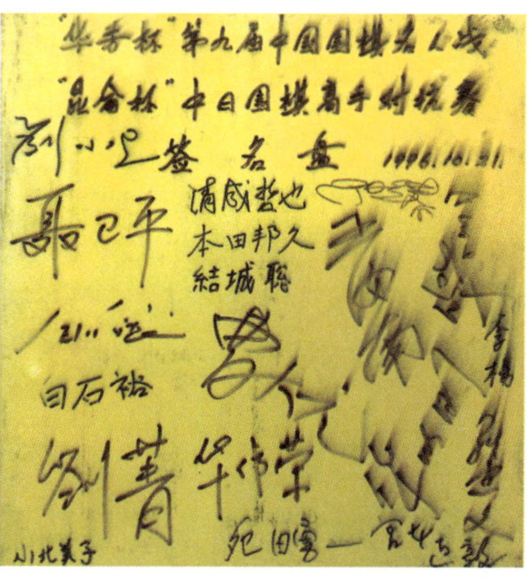

昆仑杯中日参赛棋手在赛用棋盘上签名留念（2014 年）　　蔡雨晨　摄

头幸久。塘桥棋手最终以 39 盘胜、8 盘负战胜日本棋手。对抗赛结束后，中日 6 名棋手来到讲棋厅，与 200 余名中日棋迷见面。

华芳杯第九届中国围棋名人战　1996 年 10 月 21 日，华芳杯第九届中国围棋名人战在华芳公园四宣堂举行。这是名人战五番棋赛的后三盘比赛，由棋手刘小光挑战上届名人马晓春。双方前两盘比赛在北京战成 1∶1 平，因此对第三盘棋特别重视。10 月 21 日，刘小光先赢一局，以总比分 2∶1 暂时领先。后两天续弈，马晓春连胜二局，以总比分 3∶2 战胜刘小光，卫冕成功。

在名人战期间，还举行了中日围棋高手对抗赛和中日业余棋手友谊赛。中国围棋高手聂卫平、王汝南、曹大元等 9 人（以一对四或以一对三）和 30 位日本业余棋手对弈。

聂卫平让子棋赛（2009 年）　　陈东　摄

名人战刘小光挑战马晓春（1996 年）　　徐惠东　摄

日本围棋高手本田邦久、靖成哲也、苑田勇一等7人（以一对四）和28位塘桥业余棋手对弈。结果，中日围棋高手均完胜中日业余棋手 。通过友谊赛，中日业余棋手在高手面前学到了本领，得到了锻炼，加深了双方的友谊。

中国围棋甲级联赛 中国围棋甲级联赛（简称围甲联赛）是国内职业围棋赛中含金量最高、影响力最大、最受社会关注的赛事之一。从2009—2016年，塘桥镇利用围棋节平台，连续承办7次围甲联赛专场，中国围棋界高手多数到过塘桥。其中，2009年、2010年、2011年、2013年、2014年、2015年、2016年共6届围甲联赛与塘桥镇围棋节同时举办。

2011年11月4日，在塘桥中心小学举行围甲联赛，由安徽宁国市政队对阵中信北京队。同时，还举行塘桥聂卫平围棋学校揭牌仪式，聂卫平和塘桥镇镇长袁勋共同揭牌。围甲联赛最终以安徽宁国市政队战胜中信北京队结束。

2011年围甲联赛开幕式（2011年） 陈东 摄

2011 年围甲联赛陈耀烨与檀啸对局（2011 年）　陈东　摄

围棋交流

国内交流　30 余年来，塘桥以棋为媒，采取请进来、走出去方式，加强国内、区域性围棋交流，提高塘桥围棋的整体实力和知名度。与全国围棋之乡、周边县市乡镇开

第三届双塘桥杯苏沪两地围棋友谊赛（2014 年）　陈东　摄

展围棋交流，举办或参与数十次友谊赛、交流赛、对抗赛。1992年4月，参加全国劲松杯围棋赛的30余位老领导、老干部，在塘桥化纤纺织厂和塘桥小棋手举行围棋寿星与幼苗友谊赛。1990—2016年，塘桥围棋队代表张家港市多次参加全国围棋之乡邀请赛。1997年8月，塘桥围棋队与太仓沙溪围棋队进行围棋交流赛。2001年4月，塘桥围棋协会与镇江棋院举行围棋友谊赛。2006年7月，塘桥围棋协会与昆山清源围棋道场开展成人围棋交流赛。2008年，塘桥举行金塘桥杯中国城市围棋友谊赛。自2010年以来，塘桥围棋队与上海浦东塘桥街道围棋队先后举行过5次双塘桥杯围棋交流友谊赛。

国际交流 1988年8月，日本围棋国手羽根泰正率领爱知县友好访问团到塘桥访问，与塘桥围棋队进行交流活动。1995年8月，在塘桥举办千人围棋赛期间，接待日本金泽市围棋访问团，并举行中（塘桥）日（金泽市）围棋交流赛。1996年10月20日，在华芳园承办华芳杯第九届中国围棋名人战期间，还举办了中日业余棋手友谊赛。1998年10月，在塘桥中心小学举办中日围棋交流赛，双方均为业余棋手。同年，日本NPO法人昆仑会会长小林朗被聘为塘桥中心小学名誉校长。2000年5月16日，在东渡苑举行东渡杯中日围棋交流赛。这是小林朗第五次率团访问塘桥。2000年8月16日，塘桥镇派代表团赴日本金泽市参加中日业余围棋友好交流赛。2002年10月25日，日本围棋代表团第六次访问塘桥，在少年宫举行业余棋手交流赛。2003年10月，日本石川县围棋代表团访问塘桥，在少年宫举行友谊赛。2006年8月，日本爱知县青少年围棋代表团访问塘桥，双方举行围棋友好交流比赛。

全国劲松杯寿星与幼苗友谊赛（1992年） 徐惠东 摄

中（塘桥镇）日（金泽市）围棋邀请赛开幕式（1995 年）　蔡春林　摄

中国塘桥——日本爱知县围棋友好交流比赛（2006 年）　张维民　摄

全国围棋之乡邀请赛比赛场景（2013 年）　管福军　摄

围棋成果

塘桥围棋活动深入开展，对外交流越来越多，围棋整体水平不断提高，在各级各类围棋赛事中取得不俗成绩。30 年来，据不完全统计，获得苏州市级（含）以上团体和个人较好名次 100 余个。表 2 列举了获得国家级团体和个人成绩（名次不限）、江苏省级前三名的团体和个人成绩、苏州市级第一名的团体和个人成绩。表 3 列举了获得围棋职业初段和业余高段位的棋手。

表 2

1986—2016 年塘桥镇各级围棋比赛成果一览表

级别	比赛名称	比赛地点	主要参赛人员	获得名次	时间
国家级	全国大庆杯围棋棋童赛	黑龙江省哈尔滨市	周颖	少女组第十二名	1988 年 6 月
	全国少年儿童围棋邀请赛	湖北省武汉市	唐艳红、周颖、吴益兵	少女组第九、十一名，少男组第十一名	1989 年 2 月
	龙马杯全国围棋之乡新苗邀请赛	浙江省天台县	吴益兵	儿童组第一名	1990 年 10 月
	宋庆龄基金会和《新体育》杂志社全国围棋夏令营邀请赛	河北省承德市	吴益兵、朱俊、庞勇	团体第一名，甲组第一、二名，乙组第三名	1991 年 8 月
	全国围棋之乡邀请赛	江苏省张家港市	朱俊、庞予为	幼儿组团体第一名	1992 年 8 月
	全国围棋之乡邀请赛	河北省怀安县	吴益兵	少年组第一名	1994 年 8 月
	邮电杯全国围棋之乡邀请赛	浙江省天台县	秦希、王静、宋爱平	团体第五名，个人第八、九名	1996 年 8 月
	上海市浦东新区围棋邀请赛	上海市浦东新区	黄如纯、张凯与	女乙组团体第二名，女乙组个人第三、五名	2012 年 6 月
	百灵杯全国少年儿童围棋大赛	黑龙江省哈尔滨市	蔡文鑫	少男乙组第一名	2012 年 8 月

续表 2

级别	比赛名称	比赛地点	主要参赛人员	获得名次	时间
国家级	全国围棋之乡邀请赛	上海市浦东新区	章德辉、景徐远	团体第五名	2013 年 6 月
	全国围棋之乡邀请赛	山东省德州市	章德辉、郝伟	团体第四名	2014 年 8 月
	全国少年儿童围棋锦标赛	安徽省黄山市	蔡文鑫	少男组第二名	2015 年 7 月
	全国围棋之乡邀请赛	浙江省衢州市	章德辉、刘益锋	团体第五名	2015 年 8 月
	全国围棋之乡分站赛	河南省洛阳市	章德辉、张科锋	团体第三名	2016 年 10 月
江苏省级	江苏省农民运动会	江苏省镇江市	肖敬尧、张科峰、钱月英	团体第二名，女子组第二名、男子组第三名	1988 年 5 月
	江苏省少年儿童围棋赛	江苏省镇江市	朱冰、唐艳红、周颖	少年组第三名，儿童组第二名	1988 年 8 月
	江苏省少年儿童围棋赛	江苏省东台市	唐艳红、吴益兵	少女组第一名，儿童组第二名	1989 年 8 月
	江苏省农民运动会	江苏省连云港市	唐艳红、周颖	少女组第二名	1990 年 8 月
	江苏省少年儿童围棋赛	江苏省南京市	吴益兵	少男组第二名	1991 年 8 月
	江苏省少年儿童围棋赛	江苏省扬州市	王静、秦希	儿童男组第一名，女组第三名	1997 年 8 月
	江苏省先锋园林杯围棋赛	江苏省南京市	陈可风、张湖滨	少女组第一名	2004 年 1 月
	江苏省中小学生围棋锦标赛	江苏省苏州市	蔡文鑫、秦能	幼儿男组第二名，幼儿女组第三名	2010 年 8 月
	江苏省中小学生围棋锦标赛	江苏省常州市	蔡文鑫	儿童男甲组第一名，少年男乙组第一名	2013 年 8 月
	江苏省中小学生围棋锦标赛	江苏省无锡市	高苏怡、秦能、景徐远	幼儿女组第三名	2014 年 8 月
苏州市级	苏州市少儿围棋赛	江苏省昆山市	唐艳红、朱冰、庞锦春	团体第一名，女子个人第一名	1986 年 11 月
	苏州市少儿围棋赛	江苏省张家港市	唐艳红、虞健、周颖	儿童组团体第一名	1987 年 7 月
	苏州市少儿围棋赛	江苏省苏州市	唐艳红、吴益兵	少女组第一名，儿童组第一名	1989 年 7 月
	苏州五县市桑塔纳杯围棋邀请赛	江苏省常熟市	朱冰、吴益兵、庞勇、庞晨	中、小学组两个团体第一名、两个个人第一名	1990 年 4 月
	苏州市少儿围棋赛	江苏省苏州市	朱明亮、秦希、王静、李佳珑	儿童男、女 A 组两个第一名	1998 年 5 月
	苏州市少儿围棋赛	江苏省苏州市	秦希、王静、李佳珑、管宇文	少年女乙组第一名，儿童男甲组第一名	1999 年 5 月

续表 2

级别	比赛名称	比赛地点	主要参赛人员	获得名次	时间
苏州市级	苏州市第十届运动会围棋赛	江苏省苏州市	朱明亮、王静、秦希、徐洋	少年男乙组第一名，少年女乙组第一名，儿童女乙组第一名	2000 年 5 月
	苏州市第十一届运动会学生部围棋赛	江苏省苏州市	徐洋、李家慧、陈可风	3 个组别第一名	2004 年 5 月
	苏州市少儿围棋赛	江苏省苏州市	叶亮、李佳慧、张湖滨、刘超	少儿男甲、女甲、男乙和幼儿组 4 个第一名	2005 年 5 月
	苏州市中小学生围棋赛	江苏省苏州市	顾俊书、张湖滨	男乙组第一名	2006 年 5 月
	苏州市中小学生围棋赛	江苏省苏州市	顾俊书、张湖滨、陈可风	男甲组第一名	2008 年 5 月
	苏州市中小学生围棋赛	江苏省苏州市	顾俊书、刘超、张湖滨、陆碧涵	男 96 组第一名，男 98 组第一名	2009 年 5 月
	苏州市中小学生围棋赛	江苏省苏州市	胡鸣月、刘超、庞仪婷	儿童男甲、乙组第一名，儿童女乙组第一名	2010 年 5 月
	苏州市中小学生围棋赛	江苏省苏州市	李沁弈、周骏瑞、秦能	儿童女甲、乙组第一名	2011 年 6 月
	苏州市中小学生围棋赛	江苏省苏州市	胡鸣月、江欣桐、黄如纯、薛磊扬	少儿男甲、女甲、女乙和幼儿组 4 个第一名	2012 年 5 月
	苏州市中小学生围棋赛	江苏省苏州市	秦能、胡鸣月、张凯与、何凯文	三年级、四年级女子组两个第一名	2013 年 5 月
	苏州市中小学生围棋赛	江苏省苏州市	黄欣宇、高苏怡、黄若纯、秦能	初中男子组第一名，一年级女子组第一名	2014 年 5 月
	苏州市中小学生围棋赛	江苏省苏州市	高苏怡、黄若纯、秦能、张浩然	二年级、五年级、六年级女子组 3 个第一名	2015 年 5 月
	苏州市青少年体育联赛中小学生围棋赛	江苏省苏州市	朱美玉、朱欣彤	四年级组第一名	2016 年 5 月

2016 年塘桥镇围棋职业初段、业余高段位棋手一览表

表 3

姓　名	性别	段　位	单　位	姓　名	性别	段　位	单　位
蔡文鑫	男	职业初段	塘桥初级中学	庞　晨	男	业余 5 段	苏州市地税局
肖景尧	男	业余 6 段	华芳集团	王　静	女	业余 5 段	澳大利亚工作
管福军	男	业余 5 段	塘桥中心小学	秦　希	男	业余 5 段	个体
严　忠	男	业余 5 段	塘桥镇政府	朱明亮	男	业余 5 段	北京百度总部

续表 3

姓　名	性别	段　位	单　位	姓　名	性别	段　位	单　位
吴益兵	男	业余 5 段	华芳集团	魏万璋	男	业余 5 段	塘桥文体中心
管宇文	男	业余 5 段	创元期货公司	张湖滨	男	业余 5 段	东南大学
顾俊书	男	业余 5 段	合肥工业大学	毛宇轩	男	业余 5 段	常青藤学校
刘　超	男	业余 5 段	塘桥初级中学	景徐远	男	业余 5 段	昆山柏庐实小
何凯文	男	业余 5 段	张家港市一中	黄若纯	女	业余 5 段	苏州立达中学
张科峰	男	业余 5 段	个体	刘益锋	男	业余 5 段	塘桥中心小学
刘　浩	男	业余 5 段	鹿苑幼儿园	胡明月	男	业余 5 段	塘桥中心小学
郑焕橙	男	业余 5 段	外国语学校	薛磊扬	男	业余 5 段	塘桥中心小学
张　皓	男	业余 5 段	塘桥中心小学	黄欣宇	男	业余 5 段	梁丰高级中学
高　扬	男	业余 5 段	常青藤学校	项子洋	男	业余 5 段	妙桥办事处
季　节	男	业余 5 段	常青藤学校	秦　能	女	业余 5 段	塘桥幼儿园
周俊瑞	男	业余 5 段	塘桥初级中学	夏新宇	男	业余 5 段	塘桥中心小学
高苏怡	女	业余 5 段	塘桥中心小学	陆天宇	男	业余 5 段	妙桥办事处
赵思扬	男	业余 5 段	妙桥办事处	刘一帆	男	业余 5 段	南京邮电大学
季宇轩	男	业余 5 段	常青藤学校	钱嘉明	男	业余 5 段	常青藤学校
张金祥	男	业余 5 段	塘桥文化站	张凯与	女	业余 4 段	塘桥初级中学
彭　勤	男	业余 4 段	塘桥人民医院	朱　俊	男	业余 4 段	张家港凤凰镇
庞　勇	男	业余 4 段	华芳集团	何　军	男	业余 4 段	塘桥中心小学
唐艳红	女	业余 4 段	盐业公司	陆海天	男	业余 4 段	塘桥中心小学
何爱民	男	业余 4 段	妙桥幼儿园	黄健勇	男	业余 4 段	塘桥文体中心
徐　洋	女	业余 4 段	塘桥高级中学	徐松亮	男	业余 4 段	塘桥初级中学
徐梓航	男	业余 4 段	常青藤学校	蔡济嵘	男	业余 4 段	塘桥中心小学
顾淳凯	男	业余 4 段	塘桥中心小学	龚　博	男	业余 4 段	塘桥中心小学
陈　苏	男	业余 4 段	塘桥中心小学	陈佳乐	男	业余 4 段	鹿苑中心小学
赵寅晨	男	业余 4 段	鹿苑小学	孙　康	男	业余 4 段	张家港市一中
朱美玉	女	业余 4 段	塘桥中心小学	张浩然	男	业余 4 段	塘桥中心小学
庞开文	男	业余 4 段	常青藤学校	彭　旭	男	业余 4 段	塘桥初级中学
任汉林	男	业余 4 段	塘桥高级中学	金志贤	男	业余 4 段	妙桥小学
何彦君	男	业余 4 段	常青藤学校	吴宜伦	男	业余 4 段	鹿苑初级中学

妙桥办事处（2015 年） 张维民 摄

中国民间文化艺术之乡

中国民间文化艺术之乡牌匾　　唐林康　摄

塘桥自古以来文化艺术就比较繁荣，优秀人才不乏其人。早在1984年，奚训达、庞钧法几位书画爱好者就创办了集云阁书画社，聘请著名书画家王个簃任名誉社长。30多年来，书画社培养了一批书画文化名人。进入21世纪，塘桥镇文化事业发展加快，全镇文化系统围绕建设文化强镇战略目标，完善基础设施，繁荣文化艺术，各项文化工作取得了新成就。

2006年，塘桥文学艺术界联合会成立，下辖书法、美术、戏曲、音乐、摄影、国标舞和文学工作者等协会。书法活动在全镇中小学推广，鹿苑小学创建成中国书法（写字）特色学校。作家钱欣葆、施卫星、卢润良等陆续出版童话寓言集、散文集、诗歌集、报告文学集多部，其中钱欣葆每年有作品发表或结集出版。全镇涌现了高卫平、谢利峰、苏险峰、庞卫龙、陆华等一批新生代国家级和江苏省级书法家协会会员，一批作品在国家级、省级比赛中入展、入集或获奖。镇村、企业、学校图书馆（室）和档案室均创建为合格馆、室，其中9家馆、室创建为国家级或江苏省级合格馆、室。

江苏省曲协欢歌笑语——走进塘桥镇演出活动（2016年）　　陈东　摄

至2016年，塘桥镇建成3个片区文化中心、2家电影院和塘桥展示馆、鹿苑钱氏名人馆，编写出版塘桥、妙桥、鹿苑地名志、镇志等一批志书，村村演、送电影、送书、送春联等文化惠民活动常态化。塘桥镇国标舞协会、阳光青年艺术团、小太阳艺术团等文艺团体在国内外歌舞比赛中获奖。至2016年年末，塘桥镇有省级（含）以上作家协会会员3人，书法家协会会员19人，美术家协会会员1人，音乐家协会会员1人，摄影家协会会员7人。塘桥镇文学创作成果丰硕，其中钱欣葆有80多本寓言、童话集在海内外出版，有11篇作品入选33本教科书、教材，有多部（篇）优秀作品获冰心儿童图书奖、冰心儿童文学新作奖、金骆驼奖、金江寓言文学奖等，有百余篇作品入编经典选集。塘桥镇有书画爱好者3500余人，其中160余人次（含学生）的书画作品在国家级、省级书画比赛中入展、入集或获奖。2008年，塘桥镇被文化部授予中国民间文化艺术之乡称号。

文化机构与设施

文化管理机构

文体服务中心 塘桥文体服务中心除拥有塘桥文化中心外，因与塘桥中心小学毗邻，可共享田径、乒乓球、篮球、羽毛球、排球等体育场馆，是一个集公共文化体育活动、艺术展览展示、文化艺术培训、非物质文化遗产展示、市民健身娱乐等于一体的公共文体服务中心。鹿苑、妙桥

塘桥文化中心落成典礼（2015年） 陈东 摄

两个文体服务中心隶属塘桥文体服务中心，两家设施设备大致相当，各拥有一个文化中心，内设青少年活动中心、24 小时自助图书馆等馆室。鹿苑文化中心另建有钱氏名人馆。2014—2015 年，塘桥镇政府投入 1 亿余元分别在塘桥富民路、鹿苑东渡路、妙桥永进路新建塘桥、鹿苑、妙桥 3 个文化中心，建筑总面积近 2 万平方米。塘桥文化中心为最大，占地 2 公顷，建筑面积 1.4 万平方米，设有全国首家 24 小时基层公共文化驿站 · 图书馆驿站、塘桥展示馆、图书馆、史志馆、农民书画展厅、塘桥文化剧场、智慧塘桥等阵地。其中，塘桥展示馆展示塘桥深厚的历史文化底蕴，以及新中国成立后，特别是改革开放以来所取得的辉煌成就。塘桥文化剧场实施周末大舞台长效演出惠民计划，政府买单，百姓免费看戏，每月邀请专业艺术团体到塘桥演出歌舞、相声、小品、戏剧（含京剧、越剧、锡剧）等，年均演出 30 余场次。2016 年，塘桥文体服务中心有工作人员 10 人（设主任 1 人，副主任 1 人），鹿苑文体服务中心有 3 人，妙桥文体服务中心有 2 人。

塘桥文化中心剧场演出（2016 年）　陈东　摄

鹿苑文化中心（2016 年）　陈东　摄

鹿苑钱氏名人馆开馆仪式（2015 年）　陈东　摄

文化设施

塘桥少年宫　2000 年 7 月，镇政府投资 600 万元，在华芳路与建设路交会处筹建少年宫。2001 年 6 月竣工，7 月 18 日开班运行。少年宫占地 2 万余平方米，建筑面积 2800 平方米，绿化面积 1800 平方米。2002 年 10 月，著名社会学家费孝通到塘桥少年

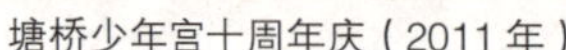

塘桥少年宫十周年庆（2011年） 陈东 摄

塘桥少年宫少儿合唱团在日本演出（2006年） 周建萍 摄

塘桥少年宫金塘桥少儿合唱团在上海演出（2007年） 周建萍 摄

塘桥少年宫少儿歌舞团参加中韩文化交流合唱会（2006年） 周建萍 摄

宫考察，并为少年宫题写宫名。少年宫拥有电声乐队、电子钢琴、古筝、电子琴、电脑等现代化教育培训设施，聘请南京师范大学、江南大学、苏州教育学院和张家港市顶尖学科带头人授课。利用双休日和节假日，常年开设声乐、戏曲、舞蹈、钢琴、古筝、电子琴、萨克斯、围棋、书法、绘画、英语、奥数、电脑、航模、中国武术、跆拳道、乒乓球等30余个特长兴趣班。

2002—2005年，小学员围棋队先后参加中日交流赛、访日友谊赛、省市级赛等大型围棋比赛10余次，共获2个团体冠军、5个个人冠军。2006—2016年，少年宫歌舞团和合唱团在参加苏州市级以上演出和比赛中，获得过全国民间文化“金穗奖”、全国城市公开赛少年组拉丁舞团体金奖、江苏省少儿电视大赛最佳才艺奖和优秀歌手奖等荣誉。在赴韩国、日本等国家和中国香港地区文化交流演出中都得到好评。2001—2016年，塘桥少年宫累计培训4万余学员，先后有2000余学员通过声乐、器乐、书画、舞蹈和计算机等级考试。

电影院 佳线国际电影城。位于塘桥镇北京路144号第5层。建筑面积1800余平方米，共设5个影厅，566个座位，其中专设一个VIP豪华影厅，有座位190个。影厅设计、装修均采用国际标准，满足高空间、大坡度、超亮屏要求。纵深空间高达6米，座椅排距1.2米，采用整面墙式巨幅银幕，音响系统可传递激光校准的数字音效。

佳线国际电影城（2016年） 陈东 摄

巨星国际影城。位于塘桥镇北京路与维达路交会处，建筑面积1200平方米，设1大4小5个厅，可同时容纳550人观影。影厅按国际现代影院标准设计，高超坡，无遮挡视角，宽银幕，配置最先进的2K数码高清放映设备，高保真原音再现。

图书馆 塘桥镇图书馆。2015年10月，新建的塘桥文体服务中心落成，塘桥镇图书馆也随之建成。图书馆建筑面积800余平方米，馆藏图书5万余册，借阅持卡人2000余人。内设图书借阅、电子阅览、资源播放、24小时自主图书驿站四大区域，实现全镇图书馆无线网络全覆盖。

塘桥高中图书馆。塘桥高中图书馆是江苏省一级图书馆，建筑面积1883平方米。2016年，馆藏图书5.4万册，其中古代、近代、民国时期的各类著作300余部（本）。订阅报纸260种、期刊2100册，有音像资料1500套、书架书柜110个，年均阅读人次约1.5万人次。其中电子阅览室面积150平方米，有电脑60台、电子读物2.6万册，可

塘桥镇图书馆（2015年） 陈东 摄

塘桥高中图书馆（2016年） 陈东 摄

容 60 人同时阅读；普通阅览室面积 450 平方米，分成 3 个区域，可同时容纳 3 个班级的学生阅览。

文艺团体

小太阳艺术团 2001 年，小太阳艺术团由塘桥少年宫组建，下设少儿合唱团和少儿歌舞团，共有成员 80 余人。艺术团聘请上海、南京、苏州、无锡等地高等院校、剧团、乐团中的名师兼课辅导。至 2005 年，已有 65 名学员通过声乐、舞蹈、钢琴和古筝 2 ~ 10 级的等级考核。艺术团立足本地，服务农村，利用节假日到街头、社区、学校、企业演出，年均演出 18 场次。2005 年，徐佳炜在中央电视台首届全国少儿歌手电视大赛中获铜奖，在快乐阳光第六届中国少年儿童歌曲卡拉 OK 电视大赛中获二等奖。2006 年，小太阳艺术团少儿合唱团赴日本参加中、日、韩文化交流。2007 年，赴上海与上海市鲁迅艺术进修学校交流演出。2008 年，少儿合唱团赴韩国进行文化交流；少儿歌舞团参加“纪念改革开放 30 周年——中国农民文艺会演”获江苏省五星工程奖铜奖。2009 年，少儿歌舞团参加全国四省一市摩登舞、拉丁舞锦标赛获拉丁舞团体二等奖。2011 年，少儿歌舞团赴香港参加亚洲国际音乐舞蹈艺术大赛，大合唱《听妈妈

小太阳艺术团参加中央电视台首届全国少儿歌手电视大赛（2005 年） 周建萍 摄

小太阳艺术团在韩国文化交流演出（2008 年） 周建萍 摄

合唱《河阳山童谣》获江苏省五星工程奖铜奖（2009 年） 张维民 摄

表演唱《听妈妈讲那过去的事情》在香港获最高奖（2011 年） 周建萍 摄

讲那过去的事情》获最高奖，两个独唱节目获声乐类最高奖、1 个独唱节目获金奖，古筝独奏《采蘑菇的小姑娘》获器乐类金奖。自 2012 年以来，小太阳艺术团多次参加张家港市、塘桥镇文艺活动，每年参加“村村演”，送戏到村（社区）、敬老院和企业，创作排练少儿民俗表演唱《我哩塘桥好风光》、舞蹈《棋弈》等节目。至 2016 年，先后获张家港市星级群众文艺团队、苏州市群众文艺作品“繁星奖”等称号。

小太阳艺术团获得全国四省一市摩登舞、拉丁舞锦标赛少儿拉丁舞团体二等奖（2009 年） 庞伟龙 摄

阳光青年艺术团 2003 年 12 月，阳光青年艺术团成立，是由塘桥镇宣传文明办和团委牵头创办的群众性文艺团体。有成员 70 余人，都是来自村（社区）、学校、机关、企事业单位等喜爱文艺的骨干分子。艺术团以“服务青年、服务社会”为宗旨，走自我创作、自我排练、自我表演、自我发展之路，利用业余时间，送戏下乡，深入社区、学校、企业为群众义

阳光青年艺术团走进银河电子集团演出（2005 年） 陈东 摄

务演出。其团歌《真情永久》、主题歌《阳光属于你》被《湘江文艺》刊载。2004—2005年，共下基层演出36场次，观众达3万余人。2005年，在苏州市文艺调演中，男声小组唱《江海号子》获苏州市二等奖。2005年，还为东方歌舞团输送1名主打歌手。艺术团下设阳光乐队，配备价值30余万元的音响、器乐设备，曾担任过韩红、大兵等商业演出的现场伴奏。自2012年以来，先后创作民俗舞蹈《唱春》、歌伴舞《幸福永远》《桃花谣》等节目，参加过江苏卫视节目录制，多次参加苏州市演出或比赛，并取得好成绩。

2009年全国四省一市摩登舞、拉丁舞锦标赛获成人拉丁舞团体冠军奖杯

唐林康 摄

2013年全国四省一市摩登舞、拉丁舞锦标赛获成人拉丁舞团体冠军奖杯

唐林康 摄

2016年，阳光青年艺术团LOVE舞团以舞蹈《蜕变》参加江苏卫视“震撼一条龙”

塘桥镇迎新年文化大舞台暨2015公益文艺巡演闭幕式（2015年） 陈东 摄

塘桥LOVE舞团演出的舞蹈《蜕变》（2016年） 陈东 摄

全国四省一市摩登舞、拉丁舞锦标赛获成人拉丁舞团体第一名（2009年） 庞伟龙 摄

塘桥LOVE舞团获“领舞杯”全国广场舞大赛三等奖（2016年） 钱丽萍 摄

节目的录制，并在领舞杯全国广场舞大赛中获三等奖。

上海信合杯体育舞蹈社交舞公开赛团体舞冠军奖杯

唐林康　摄

夕阳红艺术团　1995 年 8 月，塘桥镇老龄委下属的夕阳红艺术团成立。创办宗旨是强身健体、老有所乐、服务当地、构建和谐。艺术团下设戏曲、民乐、秧歌、腰鼓、拳剑等分队，演出有分有合。每年重阳节、国庆节、春节等重要节日，都要参加集镇广场文艺演出。1999 年，在苏州市首届中国人寿杯老年文艺会演中，表演唱《回家乐》获最佳演出奖。2002 年 9 月，在上海信合杯体育舞蹈、社交舞公开赛上获团体舞第一名。2002 年 10 月，在江苏、上海、安徽联合举办的国标舞友好联赛上获成人团体舞冠军。2003 年，专场举行夕阳红艺术体操表演和拳剑演示会。2005 年，夕阳红艺术团在巨桥村与中央电视台联合举办“激情广场·魅力金塘桥”大型文艺活动上登台演唱。

2007—2016 年，先后获张家港市社保杯太极拳赛金鹰一等奖、团体一等奖、海陆杯老年人健身操系列——功夫扇比赛优胜奖、苏州市第 23 个老年节暨美在金秋文艺演出金奖、苏州市优秀业余团队等称号。20 年来，坚持下基层为群众服务，年均演出超过 20 场，观众累计超过 8 万人。

中央电视台、中央人民广播电台等媒体观看胡同社区夕阳红艺术团红巷乐队演出（2015 年）　　陈东　摄

文化活动

广场文化 进入21世纪，塘桥镇累计投入约3000万元，先后建成影剧院文化广场、塘桥综合市场广场、医院休闲广场、党校广场、金桥新村广场、东渡苑广场等娱乐场所。每天清晨或傍晚，喜欢运动的男女老少纷纷聚集到广场上参加各种各样的活动。其中，塘桥综合市场广场因在集镇中心，早上有200余人参加活动，或跳舞，或舞剑，或拳操，或打腰鼓。晚上人更多，有专人播放音乐、专人领舞。塘桥镇宣传文明办、文体服务中心常邀请苏州市锡剧团、苏州市歌舞团、张家港市锡剧团、张家港市文化馆歌舞团以及本镇的夕阳红艺术团、阳光青年艺术团、小太阳艺术团等前往各文化广场演出，年均演出10～12场次。2012—2016年，新开辟大润发广场、胡同社区广场、文化中心广场，使塘桥集镇文化广场达到10个。塘桥镇文体服务中心组织开展“全国文明镇、

塘桥综合市场广场元宵节活动（2013年） 何秋霞 摄

东渡苑广场举行公益文艺巡演启动仪式（2016年）　　陈东　摄

魅力新塘桥”公益文艺巡演暨东渡文化行活动，走进塘桥集镇广场、18个村（社区）文化广场和大型企业、敬老院等地，以“我们的节日”为主题开展系列活动，5年累计90余场次，以全民阅读、全民健身日、版权宣传日、非物质文化遗产日等为主题开展广场文化活动累计50余场次。在塘桥综合市场广场、医院休闲广场、大润发广场、东渡苑广场及胡同社区广场等地，每晚有广场舞队、健身秧歌队、拍手操队全年活动。

社区文化　2001年起，境内各村（社区）、企业先后建起社区文化广场（礼堂）。2001年，韩山社区、周巷社区、青龙社区、华芳集团、普坤集团等先后举办社区文化艺术节。活动内容有夕阳红艺术团演出，文明家庭演唱赛，书法、美术、摄影展览，“社区新风”黑板报汇展，新塘桥人歌咏赛等，还邀请无锡市锡剧团、张家港市锡剧团、文化馆歌舞团等到社区演出。2003年，社区文化活动辐射到全镇17个村（社区）、5个大型企业。2004—2010年，小太阳艺术团、夕阳红艺术团、阳光青年艺术团先后走进鹿港公司、华芳集团、逸洋公司、韩山社区、青龙社区、巨桥社区进行社区文化活动，为职工、社区居民演出，6年观众约2.5万人。2012—2016年，全镇18个村（社区）都建成图书馆、报告厅、舞蹈房、健身房、室外文化活动广场等现代化社区文化活动场所，每晚自行组织开展社区广场舞、健身操、秧歌、读书、亲子、书画交流等文化活动。各社区以全民阅读日、全民健身日、我们的节日等为主题开展系列活动，年均20余场次。

胡同社区广场“身边好人”“道德模范”巡演（2015 年）　　张维民　摄

无锡市锡剧团在金村社区文化广场演出（2012 年）　　陈东　摄

书画活动　1994 年，塘桥集云阁书画社利用节假日常年开设书画培训班，受训学员有中小学生，也有成人。2000 年，塘桥少年宫建成后，常年开设书法、绘画等特长兴趣班，利用双休日、节假日、寒暑假为学员们上课培训，年均参加培训学员 800 余人次。2003 年，苏州市书法文化特色乡镇——鹿苑镇并入塘桥镇后，推动了塘桥镇书画活动的深入发展。2005 年年末，全镇有书画爱好者（含学生）2000 余人，其中 300 余人次在

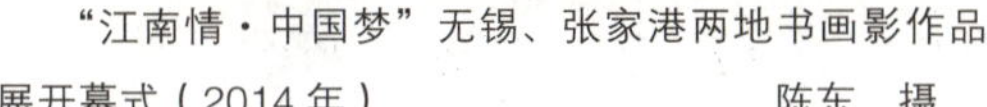
“江南情·中国梦”无锡、张家港两地书画影作品展开幕式（2014 年）　陈东　摄

送春联活动（2009 年）　陈东　摄

张家港市级以上各类书画比赛中获奖。

自 2006 年以来，塘桥镇在完善镇级文化阵地建设中，把书画阵地建设作为重要项目，对原有文化设施进行整合，开辟专门空间，增加书法活动阵地，有 12 个社区开辟书画文化活动室。2008 年，塘桥镇获中国民间文化艺术之乡称号。塘桥还与张家港市书法家协会、无锡江南书画院、昆山张浦美研中心等单位相互交流，举办江南春无锡、张家港两地联展，东渡书画展，“江南情·中国梦”无锡、张家港两地书画影作品展。2011 年，塘桥镇经复评蝉联中国民间文化艺术之乡称号。2015 年 10 月，在新建成的塘桥镇文化中心，开辟了书画展厅、书画创作室和书画储藏库等，作为书画文化活动场所，总面积 1000 余平方米。至 2016 年年末，全镇书画爱好者约 3500 人，在苏州市级以上书法、美术比赛中，获奖人数超过 300 人次。

非物质文化遗产

国家级非物质文化遗产代表性项目

庙会（金村庙会）

中华人民共和国国务院公布

中华人民共和国文化部颁发

2014年11月

国家级非物质文化遗产牌匾　张弛　摄

国家级非物质文化遗产：金村庙会　金村庙会，又称永昌庙会，始于宋代，明清两代极盛。主题是为庆贺农历四月初八佛祖释

金村庙会开幕式（2012 年） 陈东 摄

迦牟尼诞辰。明嘉靖三十七年（1558）后，为纪念本地抗倭英雄金七，庙会活动增加爱国主义内容。

金村庙会是民间群众性文化活动，从农历四月初七至初九日。三天内，寺内要做堂事，村里举行赛马活动，庙场上有戏曲表演，街上有商贸集市，每天从上午持续到晚上。初八为正日，这天是金七的祭日。这一天，金村家家户户都挂花灯。永昌寺内张灯结彩，佛祖座前，红烛高照，香烟缭绕。上午举行隆重的浴佛节和出会仪式。

出会仪式阵容庞大，仪仗威严。前有会旗、彩旗、十炮手、锣鼓队、头行牌、衙役队等清道开路，后面紧跟舞龙队、舞狮队、挑花担、荡湖船、打莲湘、踩高跷、吹鼓手、护卫队及臂锣社、开面社、蓝衣社、红衣社、民乐队、太保桥、拜乡队，簇拥着金七神像、释迦牟尼和千圣小王坐像有秩序巡

金村庙会出会巡游（2016 年） 陈东 摄

游。行进路线一般从庙场出发，经过小桥头、高家村、潘祁桥，在塘南大场上举行祭祀仪式，然后回到庙堂里。仪式结束后，寺内信徒及合村老少中午都要吃长寿面，下午还有戏曲、评弹和民间游艺表演，晚上有烟火燃放。

金村庙会先后被列入张家港市、苏州市、江苏省和国家级非物质文化遗产代表性项目，代表性传承人原为邹正岳。2016年，因邹正岳患病，不能主持庙会工作，村委会研究决定由钱颂扬为传承人。

江苏省非物质文化遗产：塘桥陆氏中医儿科　塘桥陆氏中医儿科创始人为出生于清末的陆曙卿。陆曙卿13岁师从常熟西乡擅长儿、喉、内科的名医徐润斋，他潜心钻研，继承了徐润斋的医学技艺，对儿、喉科造诣较深。后传于儿子陆星罡，孙儿又承继父辈医术，代代相传，历经5代，形成塘桥地区独特的陆氏中医儿科医疗特色。

塘桥陆氏中医儿科在继承传统中医中药的基础上，经过上百年几代人的努力，在实践中不断总结经验，独创陆氏中医儿科诊疗方法。他们接诊的患者是儿童，有的是襁褓中的婴儿。这些儿童、婴儿不能讲明病况和痛处，医生们除了向儿童家长了解一些情况外，全凭他们通过儿童的哭声、表情、神态、脉象等对其施治。他们根据患儿的不同病情，研制出散剂、膏丸，有口疮散、咽喉散、咳嗽一贴灵、腹泻一贴灵等。这种药剂为中成药，无副作用，药效明显，收费便宜。凡经过他们施治的患儿，基本上能药到病治，在当地被称为“陆仙人”。其施治范围除张家港外，还延及到常熟、江阴、南通、苏州、无锡等地。

江南庙会与非物质文化遗产保护高层论坛举行（2013年）　　陈东　摄

2000 年 12 月，经张家港市科委批准，成立陆氏中医儿科研究所；同年，经张家港市卫生局批准，成立陆氏中医儿科诊所，由第三代传人陆义进任研究所所长和诊所负责人。全年累计门诊量约 2.5 万人次。陆义进的儿子陆定宏作为第四代传人，毕业于苏州大学医学院临床系，后又在苏州大学附属儿童医院进修，把中西医理论和医术结合起来为患儿治病，效果更佳。2004 年，任鹿苑医院院长，儿科副主任医师，全年门诊量约为 2 万余人次。

塘桥陆氏中医儿科先后被列入张家港市、苏州市、江苏省非物质文化遗产代表性项目，代表性传承人为陆义进。

江苏省非物质文化遗产牌匾（2016 年）

钱永飞　摄

陆义进为患儿治病（2015 年）

钱永飞　摄

张家港市非物质文化遗产：塘桥唱春

唱春又称颂春、送春。时间一般始于农历正月初一，止于正月十五。唱春始于汉代。唱春艺人的春锣和敲板上都有县衙的印章，以示准予在城乡说唱。

唱春的相关器具有三件，一是春锣，又称“马”，重约两斤（1 千克），谐音“两京”，意为唱遍四方，直唱到南京、北京。二是敲板，长约十三寸（约 43 厘米），意为南方十三省。其正面刻“龙凤春官”，反面刻“天下太平”，共八个大字。三是龙袋，为存放报酬的大布袋，斜背于肩上。今改用背包。

唱春的表演形式有单人说唱和双人说唱。其说唱过程分三步：

塘桥双人唱春（2014 年）　张求己　摄

第一步，上场。唱春艺人边走边敲春锣，缓步走至居民家门前。敲锣的作用是引起主人家的注意，知道唱春的来了。按规矩，唱春艺人站立的位置应距离大门 2 ~ 3 米，以区别乞丐靠门乞讨。

第二步，开唱。唱春艺人在门外站定后便开始说唱。说唱一般用的是老调（长调）或新调。每支春歌有若干节，每节四句，每句一般 7 个字。唱完第一节，敲一会春锣，再唱第二节，敲一会春锣。以此反复。

第三步，谢春。唱毕，主人家会给唱春艺人一定的酬劳，旧时以食品居多，今多为现金，多少不等。唱春者用春锣接过后倒入龙袋（背包），同时，还要唱几句谢春词。

如今，农村中哪家有喜事，唱春者也会登门说唱贺喜。2007 年，塘桥唱春被列入张家港市非物质文化遗产代表性项目，代表性传承人为陆永良和庞祖泉。

张家港市非物质文化遗产：鹿苑鸡育养技艺　鹿苑鸡传承已有 200 余年，因产于境内鹿苑而得名。其毛、皮、嘴、脚均为黄色（称为“四黄”），颈羽、尾羽和翅羽间有稀疏黑毛。公鸡脚杆高壮，傲然挺立，形态美观，大的体重可达 4 千克以上，有“九斤王”之称。母鸡脚杆粗矮，浑重壮实，重 2 千克以上，年产蛋 140 ~ 200 个，平均每个蛋重 50 余克。鹿苑鸡肉质紧致、细嫩、鲜美。清同治、光绪两帝之师翁同龢，常把鹿苑鸡作为特产带至京城赠送亲友和同僚。名菜“叫花鸡”以鹿苑鸡为原料制作而成。

多年来，当地群众积累了丰富的育雏和养鸡经验。种鸡选苗以体型高大、体格粗壮结实、勤于觅食的“四黄”品种为主要标准，选择雄、雌鸡 1∶10 ~ 1∶15 的比例饲养，自然交配和孵养。鹿苑母鸡每年每只可孵四窝计 60 余只雏鸡。专业户将雏鸡饲养 10 余天后，再销售给当地农民散养。农家饲养鹿苑鸡，以舍饲和生态放养相结合。鹿苑鸡耐粗饲，觅食能力强，适应于生态放养，白天放牧在田野、竹园、果园、宅基空地，任其

国家级鹿苑鸡保种场铭牌

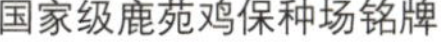
将建明　摄

鹿苑鸡（2015 年）　　蒋建明　摄

自由觅食，早晚补充农副产品、鱼虾及其下脚料。

20 世纪 60 年代后，外来鸡种不断进入市场，杂交品种越来越多，使地方良种鹿苑鸡的传承受到很大影响，纯鹿苑鸡种几乎灭绝。20 世纪 70 年代，江苏省农林厅和苏州地区多管局要求沙洲县（今张家港市）对鹿苑鸡进行提纯复壮，加以保护和传承。在中国农业科学院家禽研究所和扬州大学等科研院校的大力支持下，沙洲县（今张家港市）畜禽有限公司组成鹿苑鸡传承协作组，通过深入调查、投入资金、添置设备，采用蛋选、雏选和种鸡选等措施，经过 10 余年努力，恢复了鹿苑鸡的本来面目。1990 年后，鹿苑鸡多次在全国家禽评比中获奖，并先后被列入《中国家禽品种志》《江苏省家畜家禽品种志》。“鹿苑鸡”已成为注册商标，被农业部评为无公害产品。2015 年，鹿苑鸡被农业部认定为第四批国家级畜禽遗传资源保护品种，张家港市畜禽有限公司被授予国家级鹿苑鸡保种场称号。

2007 年，鹿苑鸡育养技艺被列入张家港市非物质文化遗产代表性项目，代表性传承人为张家港市畜禽有限公司畜牧师蒋建明、张一平（已故）。

塘桥镇非物质文化遗产代表项目一览表

表 4

项目名称	类别	代表传承人	级别	批准时间
金村庙会	民俗	邹正岳、钱颂扬	国家级	2014 年 11 月
塘桥陆氏中医儿科	传统医药	陆义进	江苏省级	2016 年 1 月
鹿苑鸡育养技艺	生产商贸习俗	蒋建明	张家港市级	2007 年 5 月
塘桥唱春	曲艺	陆永良、庞祖泉	张家港市级	2007 年 5 月
塘桥地区民间传说	民间文学	群　体	张家港市级	2009 年 3 月
塘桥木雕技艺	民间美术	钱掌林、李惠刚	张家港市级	2009 年 3 月
塘桥顾氏中医内科	传统医药	顾仲道	张家港市级	2011 年 3 月
塘桥蒸菜技艺	传统技艺	庞金裕	张家港市级	2013 年 3 月
金村宝卷	曲艺	金正球	张家港市级	2013 年 3 月
西旸辟尘道场	民俗	张　琪	张家港市级	2013 年 3 月
塘桥（欧桥）羊毛衫棒针编织技艺	传统技艺	朱雪琴	张家港市级	2015 年 10 月
塘桥（欧桥）定胜糕制作技艺	传统技艺	高建芬	张家港市级	2015 年 10 月
鉴真东渡的故事	民间文学	释昌贵	张家港市级	2015 年 10 月

东渡览胜

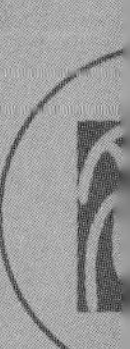

东渡苑一角（2010 年） 李惠忠 摄

东渡苑

1994 年年初，张家港市委、市政府为发展旅游事业，决定推出张家港境内一日游。景点内容为“三山一苑”，“三山”是指凤凰山、香山、双山，“一苑”，即在黄泗浦建造东渡苑。

1994 年 2 月 8 日，东渡苑奠基。1996 年年初，经幢亭、诗碑亭、东渡桥、鉴真东渡纪念馆相继落成。1996 年 2 月，鉴真东渡纪念馆正式对外开放。2005—2006 年，又增建了东渡寺、东渡船、历史文化景区、大唐人家茶艺坊、弘济亭等。

1995 年 7 月，东渡苑被列为苏州市爱国主义教育基地。2005 年 10 月 18 日，中央电视台 16 集电视连续剧《鉴真东渡》开机仪式在东渡苑隆重举行，东渡苑被列为拍摄基地。张家港有 200 多人作为群众演员参与拍摄。2005 年 11 月 10 日，江苏省旅游局批准东渡苑为国家 AAA 级旅游景区。2007 年 12 月 18 日，东渡苑被列为江苏省爱国主义教育基地。

电视连续剧《鉴真东渡》开机仪式（2005年） 庞曦 摄

《鉴真东渡》群众演员镜头（2005年） 庞曦 摄

黄泗浦与鉴真东渡 境内的黄泗浦在晋唐时期是一条南北向直通江海的干河。它位于长江下游，紧靠出海口，亦即古代志书所称之“江尾海头”。黄泗浦开凿于何时，名称从何而来，已很难查找出确切的史料依据，有人曾推测系战国时期楚国春申君黄歇所开。至于黄泗浦的规模，唐代以前无记载，直至宋代始留下珍贵记录。北宋景祐二年（1035），范仲淹守苏州郡，曾亲临长江之滨，“浚白茆、福山、黄泗、许浦、奚浦、三丈浦”[①]，当时黄泗浦即是吴地60条港、浦之一。

黄泗浦成为古代海港，有其天然的地理条件。远古以来，黄泗浦以北乃江口海域，波涛万顷。到南北朝时期，有胡逗洲、南布洲等数块沙洲浮现江面，成为南岸黄泗浦海港的天然屏障，当时的长江主航道就在黄泗浦与这些沙洲之间。至隋唐时期，黄泗浦逐步演变为重要海港，也是日本进出中国的口岸之一。其时，日本遣唐使团从日本渡海到达中国，就是先在黄泗浦登陆小憩，然后顺长江至扬州，再从陆路奔长安。

唐代鉴真和尚应日本天皇邀请，于天宝二年至七年（743—748）在扬州等地先后5次东渡日本，但均告失败。天宝十二年（753），日本第十次遣唐使团在完成各项活动归国途中，顺路到扬州拜访鉴真，邀请再次东渡。当时鉴真虽已66岁高龄，且双目

① 引自《重修常昭合志》。

仿制的日本遣唐使东渡船（2009年） 张慧芬 摄

失明，但为了去日本弘法，为了中日人民的友好及文化交流，毫不犹豫慨然应允日方的恳请，并于是年11月16日搭乘日本遣唐使团船队在黄泗浦启航，第六次东渡。12月20日，鉴真一行终于到达日本九州南部的秋妻屋浦，真正踏上日本大陆，实现了他东渡弘法的夙愿。从此，黄泗浦与鉴真结下不解之缘，黄泗浦也由此成了福地、成功地的象征。

古黄泗浦经幢 1963年，为纪念鉴真和尚逝世1200周年，鉴真和尚逝世一千二百年纪念委员会几经辗转，找到了当年鉴真第六次东渡的启航地黄泗浦，并在黄泗浦旧址东岸，即今张杨公路黄泗浦桥南侧，立下一个石制经幢。经幢分为顶盖、主体和底座3部分。顶盖似园林亭阁，飞檐刻成琉璃瓦状。主体为六面柱，截面直径40厘米，高84厘米，正面刻有“古黄泗浦”四个楷书，两侧分刻“唐鉴真和尚第六次东渡启航处”“鉴真和尚逝世一千二百年纪念委员会立”“一九六三年”字样，乃是已故常熟书法家黄玉麟先生之手迹。底座略大，同为六面体，三者凝为一体，总高约1.5米。经幢镂刻精致，造型美观，具有浓厚的民族风格和宗教色彩。“文化大革命”期间，经幢遭到破坏。1979年6月，沙洲县（今张家港市）文化部门在当地群众的协助下进行修复，并在其周围加竖六根水泥柱，中间用铁链相接，象征着具有悠久历史的中日两国人民友谊牢不可破。

修复后的古黄泗浦经幢（1979 年）　　蔡春林　摄

鉴真东渡纪念馆　位于黄泗浦东侧，坐西朝东。纪念馆占地 2400 平方米，建筑总面积 1076 平方米，为仿唐四合院建筑，馆名由第九届全国政协副主席、中国佛教协会原会长赵朴初题字。进口为三开门，门厅正中紫色屏风上“东渡沧桑”四个大字，为时任中日友好协会会长孙平化题写。东、南、北有回廊与纪念馆正殿相通。

正殿为纪念馆主体建筑，南北宽 42 米，东西进深 14.5 米，檐高 4.8 米，脊高 7.8 米，建筑面积约 600 平方米。正殿中央供奉的铜质鉴真坐像高 2.18 米，重 380 千克，由鉴真和尚家乡扬州的大明寺赠送。南北两侧墙壁上有 6 幅反映鉴真东渡的大型壁画，气势磅礴，形象逼真。鉴真铜像背面挂有日本真人元开所著《唐大和上东征传》（节选）木刻六条屏，黑底金字，分外醒目。

北侧回廊内有 12 幅鉴真行迹系列版画，即游学两京、一方宗首、发愿东征、五渡

赵朴初题写的馆名（2009 年）　　陈东　摄

受挫、尊胜备航、六渡扬帆、登陆扶桑、天皇受戒、建寺塑佛、弘法济世、面西圆寂、名垂千秋。这些版画反映了鉴真生平主要事迹，特别是鉴真不畏艰险、百折不挠和弘法济世、普度众生的精神。

南侧回廊内布置的是张家港市书法家赞颂鉴真东渡事迹的书法作品。

经幢亭　位于黄泗浦西岸、东渡桥正西。亭基座长 7 米，宽 5.2 米，四角八柱，檐高 3.2 米，4 级台阶。该亭为歇山式，传统斗拱构件，黄色琉璃瓦顶，方形花岗石柱，金砖铺地。亭内经幢系原置于黄泗浦东岸的经幢搬迁于此。2004 年 7 月 7 日，日本画信青年画家山路智惠到东渡苑采风，现场以古黄泗浦经幢亭为题材作画，给中日文化交流增添新的一页。

鉴真坐像（2009 年）　　张慧芬　摄

鉴真行迹图之六（2009 年）　　蔡春林　摄

经幢亭（2009 年）　　张慧芬　摄

诗碑亭（2010 年）　　张维民　摄

诗碑亭　位于东渡桥东桥堍南、北两侧。两亭结构相同，边长各 4 米，四角四柱方形，檐高 3 米，三级石阶，黄色琉璃瓦四角攒尖顶。两亭内碑石均为竖式长方形，下有方形须弥座，上有方形雕龙顶，材质为花岗岩。

北侧诗碑亭内的碑石上，刻有郭沫若为纪念鉴真圆寂 1200 年题诗："鉴真盲目航东海，一片精诚照太清。舍己为人传道艺，唐风洋溢奈良城。"正面为阴文镌字，背面有日文对照。

南侧诗碑亭内的碑石上刻的是唐代日本遣唐使阿倍仲麻吕的诗："万里长空色绀青，举头一望起乡情。遥怀今夕春日野，叁笠山巅皓月升。"正面为中文隶书，背面同样刻有相应的日文。此诗为阿倍仲麻吕在第六次东渡前夕伫立黄泗浦船头，怀想大海那边故乡亲人时，情不自禁吟诵而成。

东渡桥　东西向横跨黄泗浦，单孔石拱桥，长 8 米，宽 4.8 米，高 5.2 米，单拱直径 6 米，由花岗石砌成。石栏为莲花柱形制，桥中间石板上刻有兽纹图案。东西各 21 级台阶，象征张家港人弘扬东渡精神，意气风发走进 21 世纪。

东渡船　停泊于东渡桥西南侧黄泗浦港湾。东渡船原系电视连续剧《鉴真东渡》拍摄用船。船长 36.5 米，宽 10 米。中部有一憩厅，供僧侣聊天喝茶下棋。两层楼高的船舱，是僧侣休息住宿的地方。2006 年 9 月，东渡船在完成拍摄使命后，从长江边运至东渡苑

东渡桥（2010 年）　　张维民　摄

“安家落户”。船舱内展出电视连续剧《鉴真东渡》拍摄花絮，供游人浏览参观。东渡船停泊的港湾旁，由环岛、码头、花圃、绿地等组成景观区，总占地面积为 4.54 万平方米。

樱花岛　位于东渡船南侧，占地 2.47 万平方米，系开挖黄泗浦港湾时堆筑的人工岛。

根据东渡苑风景管理区和工程规划部门设计，因黄泗浦东渡苑是鉴真第六次成功东渡的福地，在该岛上种植日本的国花樱花，使之成为一个友谊花岛。

2006 年 4 月 14 日，由日本福井县永平寺町议会议长上田诚带领日本代表团参观东渡苑，当他们得知要把该岛建成友谊花岛的设想后，当场主动表示给予赞助和支持。上

东渡船（2010 年）　　张维民　摄

日本友人在东渡苑樱花岛上种植樱花树（2007 年）

张维民　摄

田诚回日本后，积极宣传发动，在较短时间内，就有56人赞助52.1万日元的樱花款。2007年11月16日，上田诚再次率代表团专程造访东渡苑，并在东渡苑举行樱花树款捐赠和植树仪式。

弘济亭 位于东渡广场南侧的天然林旁，亭名借用鹿苑明代古石拱桥“弘济”之名。该亭为六角形攒尖顶建筑，黄色琉璃瓦顶，园林式花格围栏。亭边一条人工小溪穿过乱石，流向天然河。亭内设有石桌、石凳。

大唐人家茶艺坊 位于景区北侧，花格长窗，青砖铺地，依水临风。茶艺坊楹联云：“煮泉品茗色味香，赏心悦目诗出画。”诗人丁芒到大唐茶艺坊时，提笔写下“大唐人家”“禅茶一味”“ 大唐茶艺坊茶艺演大唐，饮露幽香意幽香生饮露”等书法作品。

弘济亭（2009年） 陈东 摄

东渡苑大唐人家茶艺坊，被誉为张家港第一文化茶楼。

在东渡苑南部的天然林内，另有一座大唐人家茶楼。该茶楼为一座小木楼。游客在此小憩品茗，听着悠扬的古筝、琵琶乐曲，身穿古典服饰的“盛唐女子”细巧地演绎茶道绝活，让人如置身于大唐时代。

东渡苑大唐人家茶艺坊内景（2016 年） 陈东 摄

天然林内的大唐人家茶楼（2013 年） 张维民 摄

历史文化景区　位于东渡苑东首，占地 4 万余平方米，是以一方乡土文化为主题的景区，浓缩了黄泗浦历史人文景观。文化景区内最引人瞩目的是抗金名将韩世忠与夫人梁红玉披挂出征、战马嘶鸣的大型雕像。此外，还有与韩世忠故事相关的马嘶桥、方桥、磨刀桥等。景区内还陈列着徐家湾新石器时代遗址模型。另有明代监察御史钱岱，清代文学家钱谦益，当代水利专家张光斗，全国政协副主席、民革中央副主席钱昌照，宋美龄私人秘书钱用和及中国当代摄影家袁毅平等鹿苑名人雕像。

文化景区东首有一片荷塘。盛夏，荷花盛开，塘边一群梅花鹿雕塑或俯首沉思，或昂首远眺。这些雕塑，来源于春秋时期吴王夫差在鹿苑豢鹿的传说。

韩世忠夫妇雕像（2009 年）　　陈三芥　摄

钱昌照塑像（2009 年）　陈东　摄

张光斗塑像（2009 年）　陈东　摄

荷花、鹿群雕塑（2010 年）　张维民　摄

东渡寺

在东渡苑风景区的东侧，有一座香烟缭绕、钟磬声声的寺院，这就是当代张家港四大名寺之一的东渡寺。

东渡寺初建于1995年9月，1998年，经张家港市宗教局正式批准命名为东渡寺。2001年9月，为配合东渡苑建设，并纪念鉴真和尚东渡日本的历史性壮举，经张家港市政府批准，在东渡苑风景区东侧划出土地1.33万平方米扩建东渡寺。2003年3月4日奠基。经过近3年的建设，2005年12月6日，东渡寺举行佛像开光仪式。

东渡寺的主要建筑有山门殿、天王殿、大雄宝殿、轮藏楼、钟楼及厢房等。

东渡寺正门（2016年） 陈东 摄

山门殿 山门殿即东渡寺正门。大门上方“东渡寺”三个大字，系中国佛教协会原会长赵朴初墨宝。殿内两侧伫立着哼哈二将，威风凛凛，正气堂堂。

天王殿 穿过山门殿便是天王殿。殿正中弥勒菩萨端坐于高大的佛龛之中。佛龛高约 4 米，用红木制作，其天然木色显得古朴庄重。令人注目的是两旁站立的四大天王，不同于一般寺院内四大天王的传统造型，而具有唐朝佛像和日本佛像的造像风格，体现了鉴真和尚和日本的佛教渊源。弥勒菩萨背面供奉的是韦陀菩萨。

大雄宝殿 位于天王殿后，是东渡寺的主体建筑。大雄宝殿完全按照唐代寺院风格建造，是一座仿唐重檐式建筑，外观简洁、典雅、庄重，气度恢宏。大殿脊高 18.8 米，檐高 10 米，建筑面积 848 平方米。四周回廊平直宽敞，占大殿面积近一半。殿内所有大小佛像也不同于一般寺庙，均按照唐代风格制作，以彩绘为主，很少贴金。正中供奉的是头戴毗卢帽的华严三圣之一的毗卢遮那佛，华严三圣另外二圣文殊菩萨、普贤菩萨分列两旁。殿左右两侧陈列彩塑的十八罗汉，每个罗汉的底座塑有海浪、动物、植物等。后面供奉的是南海观音，二十四诸天以及护法诸神错落有致地分布在海岛上，造型逼真，巧夺天工。

大雄宝殿（2016 年） 陈东 摄

轮藏楼、钟楼 位于大雄宝殿前南北两侧。两楼式样、结构相同，方形四角攒尖顶，顶部饰有不锈钢圆球，总建筑面积1000平方米。底层为古堡式，基础边长各为16米，露天楼梯及周围装有雕花花岗岩围栏。二楼四周有露天回廊，三楼为屋檐，黑瓦。轮藏楼内的轮藏结构为3层，高4.8米，直径4米。钟楼内的成功大钟重9吨，被誉为张家港市第一大钟。钟身上刻有一部完整的药师经。大钟下面四周有回音壁，中间有一个四面地藏王菩萨，有“天下太平”4个大字及12生肖雕塑。

南北厢房 天王殿左右是两方整齐的草坪，草坪两边为对称的南北厢房，是为偏殿，建筑风格古色古香。每排偏殿有10余间。南侧偏殿为三圣殿、地藏殿、南罗汉堂；北侧偏殿为东方三圣殿、观音殿、北罗汉堂。南北厢房总建筑面积900余平方米。

黄泗浦文化生态园

位于塘桥镇西侧与杨舍镇庆安村交界处，以锡通高速为界，其西部与杨舍组团对接，东部则与塘桥组团对接。南北长约7千米，东西宽3.2千米，规划总面积22.8平方千米。黄泗浦文化生态园在保留东渡苑原址的基础上加以开发利用，完善东渡苑周边功能，使之成为一个集遗址保护、生态休闲、文化旅游、体育健身、商业居住于一体的城市绿肺、心灵家园。黄泗浦文化生态园分东渡福地区、康体度假区、生态育林区和生态家园区四大功能片区。

东渡福地区

东渡福地区是依托东渡苑和黄泗浦遗址、田园村落，以文化为主题的功能区域，通过保护、利用和开放，实现地方文化的延续和传承。

扩建东渡苑 在原有东渡苑基地的基础上向南加以延伸，通过南侧水系的贯通，将其形成一个圆形的岛状基地，扩建后东渡苑占地75公顷。规划在原有功能基础上加以拓展，新增养生岛、养心林、静思塔等，成为人们修身养性的场所。同时增强东渡文化

内涵，设置中日文化交流中心和樱花林。

在东渡苑南侧、黄泗浦遗址公园东侧规划文化休闲街区，作为旅游接待服务的中心，便于服务东渡苑和黄泗浦遗址公园。休闲街区滨水而建，主要规划有旅游集散中心、文化集市、小吃街、文化演艺中心、仿古遣唐使船、黄泗浦灯塔、庆安历史纪念堂、历史雕塑长廊等项目。

东渡苑扩建规划图

建黄泗浦遗址公园 黄泗浦遗址公园是基于现场文物挖掘形成的以科教、文化宣传为内容的区域。规划通过木质栈道将各个挖掘点串联起来，并通过雕塑、解说牌等方式加以推广介绍。

黄泗浦遗址公园规划图

结合庆安古镇遗址，规划复原一条庆安古街，作为黄泗浦遗址区一个文化休憩场所。

康体度假区

康体度假区是人们集中活动的区域，以体育活动和休闲度假为主题，使人们在生态自然的环境中进行有氧活动。主要规划项目有黄泗浦公园、城市后花园和体育运动场三大块。

黄泗浦公园 位于康体度假区东侧。规划利用现状水系，在交汇处放大水面，形成一个约45公顷的黄泗浦湖作为景观中心。周围规划黄泗浦大酒店、高尔夫度假区等活动区域，打造一个适合高端人群休闲、运动、健身的区域。至2016年年末，黄泗浦湖的开挖工作已初具规模，湖中主干道铺设及桥梁的建造已基本完工。

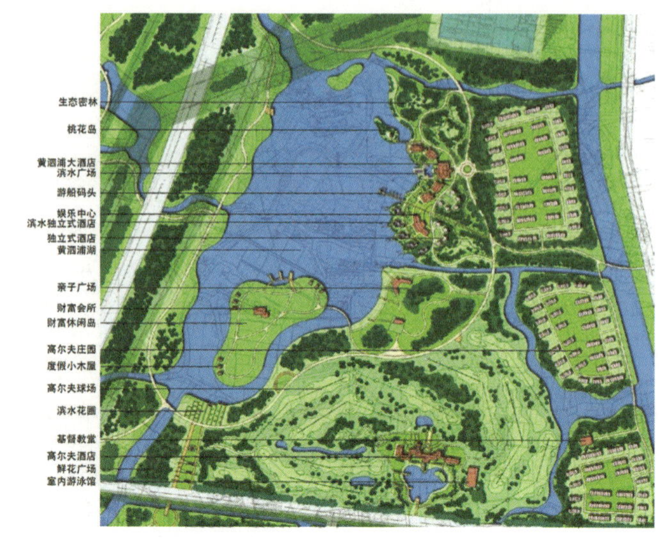

黄泗浦公园规划图

城市后花园 位于度假区西侧。周边规划生态林区，开辟鲜花广场，展现生态景观。同时增加运动休闲、婚礼婚庆等功能，以满足市民多方面的需求。

体育运动场 位于杨塘公路两侧。北侧以民俗运动广场、体育休闲接待为主；南侧主要包括游泳基地、足球场、篮球场、网球场、垒球场、排球场、极限运动场等大众运动场地。同时利用原有水面，将体育公园湖面扩大至20公顷。

生态育林区 生态育林区是以生态恢复、生态保育为一体的生态林区，也是重要的生态理念教育基地，让人们感受自然、回归自然，体味生活的变化。主要项目有生态林区、生态田园和生态湿地三大块。

生态家园 生态家园分东侧和西侧两大片区。东侧在塘桥镇境内，西侧在杨舍镇境内。生态家园注重节能、环保，绿地面积约占总面积的23%。同时，针对特定人群如老人、残疾人、刚参加工作的年轻人、创业者等，配套老年公寓、关爱公寓、人才公寓等项目。

古迹遗址

徐家湾遗址（2016 年） 陈东 摄

塘桥历史久远。据对徐家湾新石器时代遗址考证，距今约 5500 年以前，这里已有人类活动。先人们在这片古老的土地上生生不息，用自己勤劳的双手书写了辉煌的历史。众多的古迹遗址，犹如一颗颗璀璨的明珠，镶嵌在古老而文明的沃土上。这些历史文化遗存，大部分随着时间的流逝而湮没，但尚有部分保存完好。至 2016 年，塘桥镇被列入文物保护单位的共有 13 处，其中国家级 1 处，江苏省级 2 处，张家港市级 10 处。另有张家港市级控制保护建筑 3 处。

古村落

奚浦 位于鹿苑集镇东约 2 千米处，是境内望族钱氏世居之地，形成于宋末元初，距今已有 700 余年历史。据《海虞禄园钱氏振鹿公支谱》记载，南宋末年，吴越钱氏十一世孙钱元孙随父亲到通州做官，后因元兵南侵塞路不能回浙，遂渡江至常熟福山登岸，见奚浦口出入便利，便定居于此。钱氏在此剪荆造田，诛茅建屋，耕渔谋利，家业大发。《重修常昭合志》也载："旧有奚浦市，明正统间居民钱氏所创，北通大江，饶鱼盐之利。"至明代，承事郎钱宽在村内建造振德堂、雅趣堂、完善堂，皆茅檐竹壁，规制古朴，并请文人撰记。其中振德堂四周环河，广植柳树，名曰"柳溪"。钱宽弟钱洪在住宅周围种竹数十亩，在竹林深处建造尚义堂，题额"竹深处"。另有钱椿年在奚浦建造文明堂、世恩堂，均有文人撰记。明清时期，奚浦村内店铺渐增，买卖兴旺，形成集市。每逢鱼汛更是繁荣，浦口外帆樯林立，茶馆酒肆人声鼎沸。自清代以后，因沙洲积涨，奚浦口外逐渐淤塞，鱼市冷落，商贸日趋萧条，奚浦成为一般村落。2016 年，奚浦属巨桥村奚浦片第六、七、十一村民小组，占地约 6 万平方米，有居民 121 户 380 人，以钱姓为主，另有季、薛、徐姓。

夏皋 位于妙桥集镇东南、金村集镇北侧。《金村小志》载："下皋，宋元间村市也"，距今已有 700 余年历史。明清时更名为夏皋。村西有建于明末清初的青石皮桥，东有古宜桥，村西南有金公墩。境内晚霞里有钱氏祖茔，占地 2 万余平方米，明代探花钱谦益的祖父钱顺时、父亲钱世扬始亦葬于此，后迁常熟拂水山庄。2016 年，属金村村第八、九、十、十一村民小组，占地 5.6 万平方米，有居民 127 户 296 人，有张、朱、瞿、叶、高等姓，张姓为主。

滩里 位于鹿苑集镇西约 800 米、张杨公路南侧，形成于元、明年间，距今约 600 余年历史。远古时期，此地还处于浩瀚的长江之中。随着年轮流转，江流北移，沧海变成沙滩。后有鹿苑钱氏后裔迁入，滩里逐渐变成人气旺盛的村落。至清代后期，村落已颇具规模，从东到西共有花厅 18 座，均为钱氏故居，人称"滩百万"。村中有建于清康熙年间的天主教堂，系张家港境内最早的天主堂。2016 年，属滩里村第五、十、十四、十七村民小组，占地 3.7 万平方米，有居民 88 户 248 人，有钱、邹、金、徐等姓。

金巷里 位于塘桥镇西南部，是望族钱氏、萧氏世居之地。形成于明永乐年间（1403—1424），距今已有 600 余年历史。明初，该处原是一片义冢地，后奚浦乡绅钱晓伟认为这是块风水宝地，乃购地建房，为祈求子孙后代家财万贯，起名金巷里。村内有可供马车通行的巷路。村东、西两侧各有一个荷花池，并和前后河道连接。村北河上的桥是同外界沟通的唯一通道。村南是一条水面宽阔的大河，村民称之为外河。村东有两条河梢，中间夹着萧家坟，相传埋葬着明万历进士萧应宫和他的族人。新

古村落金巷里（2014 年） 张求己 摄

中国成立后，金巷四周转河大部分被填平，明代大厅仅剩 1 座，房屋基本保持旧貌。2016 年，属周巷村金巷片第十七、十八村民小组，占地 1.45 万平方米，有居民 67 户 191 人，有张、钱、朱、叶、冯、王、徐等姓。

徐家湾 位于鹿苑集镇南约 3 千米，东、南临三丈浦，西靠老 204 国道。据《圆塘徐氏宗谱》记载，清顺治年间（1644—1661），江阴马嘶圆塘徐氏十二世汉英公一支迁于该处，繁衍二十六世，至今已有 300 余年历史。徐氏在此落户造宅，逐步形成独具风格的徐家湾“阴（背阳）阳（向阳）宅”：正中“鲤鱼背”（高岗地）上建阳宅 5 套，每套有二进、四进、五进不等，共计房屋 105 间；阴宅筑于阳宅后，其余分布于东、南、西部边缘处。阳宅在西部亦有 4 套，坐北朝南，每套有三进、二进不等。宅前、宅后有河浜。古貌一直延续至 1949 年。1980 年发现、1985 年发掘的新石器时代遗址就在该村北侧。2016 年，属花园村徐湾片第三、四村民小组，占地面积 1.7 万平方米，有居民 57 户 201 人，以徐姓为主，另有张、潘等姓。

古民居

钱宅 位于周巷村金巷里，明永乐年间（1403—1424）由奚浦钱氏后裔钱晓伟所建。原有大厅 13 座，现仅剩 1 座。该厅建筑面积约 100 平方米，木梁木柱，大梁为雕花彩绘，大多已剥落，庭柱下为楠木鼓墩，窗户等内部结构基本保持原状。地面铺的方砖大多已破碎。

2002 年，钱宅被公布为张家港市控制性保护建筑。

长春堂 原名石库门后堂。位于金村集镇，建于明天启年间（1621—1627），由绅士金砺之和嗣子太学生金永福所建。共 5 进 48 间，砖木结构。前 4 进是平房，共 32 间，建筑面积 700 平方米；最后 1 进是 8 上 8 下楼房，共 16 间，建筑面积 350 平方米。中间有石库门，将整个建筑分成内外两部分。清朝末年，赵石的父亲赵少明到金村集镇开设药铺，改名长春堂。新中国成立初仍完好无损。1950 年 11 月至 1951 年 5 月土地改革时，前面 4 进平房分给贫民，后逐年拆除翻建。2016 年，仅剩最后一进楼房一幢。

钱宅大厅（2016 年） 陈东 摄

长春堂（2012 年） 陈东 摄

嘉荫堂（2016 年） 唐林康 摄

嘉荫堂 位于塘桥集镇老街东街（今跃进街），建于清朝乾隆年间（1736—1795），为庞氏家宅。宅有 5 进、每进 5 间，连同厢房共有 50 余间。大厅重瓦飞檐，柱粗合抱，中堂悬挂举人庞灿若“经魁”横匾。堂前有“兰石轩”书斋，为庞氏读书之处，内藏庞氏数代收藏的书条刻石 178 块，惜多数已失散。宅内共有 5 处庭园。园内植有天竺、梅花、丹桂、石榴、木香等花木，其中后园有合抱粗榉树 3 株。新中国成立后，该宅大部分被拆除，唯有后厅几经翻建维修尚存。

2002 年，嘉荫堂被公布为张家港市文物保护单位。

钱昌照故居 位于原鹿苑小学西侧，约建于清光绪年间（1875—1908），是全国政协原副主席钱昌照家族的老宅之一。该建筑为典型的园林式民宅，坐北朝南，平房 3 间，硬山式砖木结构。房屋长 10 米，进深 7 米，中厅宽 4 米。红漆椽柱和门窗，淡灰色墙面，人字形屋脊，方砖铺地。东西两侧偏房均宽 3 米，各开一窗，窗顶为西式纹饰。房前有一花园式小院，院子大小、长宽与房屋相当。该屋曾用作鹿苑小学师生书法陈列室。

钱昌照故居（2016 年） 陈东 摄

2007 年，钱昌照故居被公布为张家港市文物保护单位。2011 年，入选江苏省宣传部、江苏省文管局组织的“江苏省第三批名人故居抢救保护工程”而得以维修。2015 年冬，张家港市文管委配套了部分清末、民国时期的特色旧家具，开辟为未成年人教育基地。

陈厅 位于妙桥集镇人民西路 1 弄 4 号，为晚清时陈氏所建。硬山式建筑，正房 5 间，东西厢房各 3 间。前面有一院子，后面有一天井，东西各有一小院。房屋内部纹饰精细，格局保存完好。建筑形制类似江南四合院风格，总建筑面积约 360 平方米。

2002 年，陈厅被公布为张家港市控制性保护建筑。

王宅 位于金村集镇后街，为金村晚清秀才、王家花园园主王心谷之父王埝川所建。该宅坐北朝南，二层楼房，占地约 150 平方米。该宅是金村后街唯一保存完好的清代建筑。

2007 年，王宅被公布为张家港市控制性保护建筑。

园茂里 位于金村集镇。为晚清金幼琴（又名金宝章）所建。砖木结构楼房，坐北朝南 6 上 6 下、坐西朝东 6 上 6 下，共 24 间。整个建筑呈曲尺形，建筑总面积 580 平方米。1926 年 7 月，金村人士金朴存租借西首底楼 3 间，以开设金长茂米行为掩护，积极开展革命活动。新中国成立后，曾作为慈乌乡、金村镇、金村乡人民政府办公地。2012 年维修后开辟为红色教育基地。

2014 年，园茂里被公布为张家港市文物保护单位。

陈厅（2012 年） 庞伟龙 摄

王宅（2016 年） 陈东 摄

园茂里（2014 年）　　陈东　摄

古桥梁

萧家桥（2004 年）　　陈东　摄

塘桥河多桥亦多。古桥梁以石桥为主，主要分布在盐铁塘以南地区。新中国成立后，由于兴修水利、拓宽河道，部分古石桥被毁。今境内仅存主要古石桥 6 座。

萧家桥　又名通福桥。位于李王村境内，距塘桥集镇约 1.5 千米，东西走向，横跨三丈浦。该桥相传为明代万历年间（1573—1620）进士萧应宫主持建造，桥由此而得名。桥长 21 米，宽 3.1 米，桥顶至河面高 4.6 米。青石桥墩，

弘济桥（2011 年） 蔡仁风 摄

方桥（2004 年） 陈东 摄

分节纵联结构，单孔环洞型，孔径 8.6 米。东台阶 10 级，西台阶 27 级，中间有独轮车行道。萧家桥清代曾维修过，现桥面南侧石条上依稀可见刻有“光绪壬□”字样。新中国成立后，人民政府于 1956 年修理加固过。20 世纪 90 年代末，三丈浦淤塞，平整为田，但此桥仍保留。

1998 年，萧家桥被公布为张家港市文物保护单位。

弘济桥 位于鹿苑集镇中部的三丈浦上，东西走向。明天启五年（1625），由里人钱汝贤及其子钱枋植与乡人秦时震、潭永瑞等应弘济和尚捐募所建。桥长 33. 5 米，宽 3. 55 米，桥身由 3 个拱形构成。中间为大拱，两侧各有一小拱，拱圈采用纵联分节并联结构，由条形花岗石构成。中孔高 6. 35 米，跨度 11. 5 米，北侧顶端有“弘济桥”三字，系清代文学家钱谦益所书。东台阶 27 级，西台阶 20 级，南侧为青石栏，北侧为花岗石栏，1930 年重修。南北两侧桥墩上的楹联，因常年风雨剥蚀，很难辨认字句明其含意。昔日由于三丈浦日渐淤塞，加上两岸居民填土建房、筑路，致使两侧小孔大部分被堆塞，但大孔仍保持原状未变。自建桥至今 380 余年中，沧海桑田，然弘济桥依然保持当年雄姿，桥上行人来往，桥下波光粼粼，古镇风貌犹存。

1984 年，弘济桥被公布为沙洲县（今张家港市）文物保护单位。2011 年，入选江苏省文物保护单位。

方桥 位于鹿苑集镇西南约 1 千米、韩窑遗址西侧，横跨古黄泗浦，东西走向。桥面由三块金山石铺成，每块石条长约 5.5 米，宽 0.5 米，厚 0.3 米。该桥始建年代已无从查考。清康熙十六年（1677）春重建。乾隆三十六年（1771）十月改建成三节石桥，无石级。桥面两侧均刻有“重建方桥”四个大字。西桥堍旁原有2根旗杆石，高过于人，直立于田间。现仅存一段残石砌在桥旁用于灌溉水稻的码门上，图纹依旧清晰。1963年该桥复修时，桥基加固，桥面加宽，基本上再现了方桥当年的雄姿。

1998年，方桥被公布为张家港市文物保护单位。

西资桥 位于韩山村西资桥村（自然村）西侧，建于清雍正四年（1726）。东西走向，横跨老奚浦塘。因旁有西资庵而得名。桥有2孔，双条石蜻蜓脚，长22.9米，宽4.2米，中孔高3.15米，跨度18.9米。1992年，当地政府对该桥进行加固整修，采用水泥钢筋拱形结构，桥身北侧加宽2米，桥面全部用水泥铺浇。2002年，因华芳集团进行基础建设，桥北被填土平整，已不见河床。

1998年，西资桥被公布为张家港市文物保护单位。

徐塘桥 原名万寿桥。位于妙桥西南3.5千米处，南北走向，横跨河泾塘。桥长30米，3孔，宽1.8米。桥面由3块长石条并排铺成。后因有一农民牵牛过桥时，将中间1块长石条压裂，改用石板铺设其中。因石板不太平整，行人走动时有响声，故又称响板桥。该桥至今保存完好，“万寿桥”三个大字依稀可辨。

1998年，徐塘桥被公布为张家港市文物保护单位。

徐塘桥（2004年） 陈东 摄

古遗址

1974 年，蔡墩、韩墩首次发现一批石斧、石箭镞、石钺、石锛等新石器时代器物。至 2011 年，塘桥境内共发现各类古文化遗址 10 余处，其中新石器时代文化遗址 5 处。这些遗址都处于高岗土墩、台地之上，从东到西，与古海线一致。各类遗址中，已正式发掘的有 4 处。

黄泗浦遗址　位于塘桥镇滩里村与杨舍镇庆安村（新中国成立初属塘桥区，1957 年划出）交界处，面积约 1 平方千米。史载为鉴真第六次成功东渡之地，因该遗址紧邻黄泗浦而得名。2008 年 11 月，该遗址被发现，探出三处遗迹密集区，涉及水系、港口、寺庙和当时人们生活状况等内容。2008 年 12 月，张家港博物馆和南京博物院考古研究所对该遗址进行发掘，发掘面积 982 平方米。2011 年 4—12 月，南京博物院考古研究所对黄泗浦遗址再次进行抢救性考古发掘，共布探方 24 个，探沟 3 条，总发掘面积约 3000 平方米，发掘了包括唐宋街道、大型排房房址、各个朝代的水井等遗迹。

黄泗浦遗址发掘现场（2016 年）　　陈东　摄

对黄泗浦遗址的两次发掘，清理出灰坑、灰沟、房址、水井、河道及道路等，出土遗物 1500 余件，瓷器最为突出，窑口种类相当丰富。其中，南朝至隋唐五代时期的瓷器以越窑系产品为主，间以长沙窑、寿州窑和邢窑的产品。器形以碗、盏、碟、罐、壶、钵等为主。

除瓷器外，遗址中还出土大量的陶、铁、木、铜、牙、骨、石等其他材质的生活器皿，真实生动地反映了当时居民的生产生活状况。如在J7中出土的铁锚和铁钩，可能是当时人们汲水之物；骨刷和象牙梳，是人们用来清洁及梳洗的工具；J14中出土的瑞兽葡萄纹铜镜等，不仅质地优良，而且纹饰极为清晰精美；而J8中出土的兽背猴釉陶塑，在一兽上骑有一大猴，大猴背上伏有一小猴，造型生动，形态可掬。另外，在遗址的地层和遗迹单位内还出土了一些和佛教有关的器物，有莲花座的陶狮像及众多的莲花瓦当等。

2010年，黄泗浦遗址入选“江苏省第三次全国文物普查十大新发现”，并被列为首批“江苏大遗址”之一，是苏州地区唯一入选的大遗址。2011年，入选第七批江苏省文物保护单位。2013年，被国务院公布为第七批全国重点文物保护单位。

徐家湾遗址部分出土文物

张家港市档案局　提供

徐家湾遗址　位于花园村徐家湾自然村北侧。遗址原为一高地，总面积2万余平方米。1985年5月和8月，苏州博物馆和沙洲县文化馆对该遗址进行联合发掘，发掘面积425平方米，发现墓葬13座、灰坑18处、房基3座以及水井、水沟、灶台等。出土文物280多件，其中墓葬出土文物166件，探方出土文物103件，采集文物20多件。出土的器物有锛、斧、钺、刀、凿、耘田器、石球、箭镞、纺轮等石器，有

1985年徐家湾遗址发掘现场　　张家港市档案局　提供

璜、玦、管、耳坠等玉器，有豆、罐、鼎、壶、杯等陶器，还有彩绘石球（石弹）、彩绘石链各一件，并发现红烧土、兽骨、稻谷等。出土的14颗稻谷经浙江农业大学游修龄教授化验分析，其中籼稻5颗、粳稻9颗。这种籼粳型稻谷并存的现象，同裕泽、罗家角等遗址相似。经碳14测定和孢粉化验分析，确定该遗址距今5500年左右，属新石器时代崧泽文化类型。

1992年，徐家湾遗址被公布为张家港市文物保护单位。2011年，被列为江苏省文物保护单位。

许庄遗址　位于花园村西南侧，东距徐家湾遗址1.5千米。遗址文化层2.5～3米，总面积约2万平方米，年代为距今6000年左右。1987年，苏州博物馆和张家港市文化馆联合发掘出墓葬2座，同时采集到陶器、石器及玉器等出土文物。其中陶器有夹砂陶、泥质陶、红陶和黑衣陶，以泥质陶占多数，器形有鼎、罐、壶、豆、盆等；石器有铲、锛、斧、耘田器，多属火成岩、页岩、阳燧岩和细砂岩石质，磨制较为精细。

蔡墩遗址　位于塘桥镇青龙村西蔡墩，面积约4万平方米。1974年首次发现石斧、石锛、陶钵等器物。后由苏州博物馆和张家港市文化馆进行部分发掘。出土文物有锛、斧、凿、钺等石器，罐、鼎、壶、杯、盘等陶器，稻谷、木炭、兽骨等标本。文化层厚约3米，距今约4000～5000年，为新石器时代聚落遗址。

韩墩遗址　位于塘桥集镇东约1.5千米处，土质，高约15米，方圆约210米。南宋建炎三年（1129），抗金名将韩世忠奉命控守镇江以南福山、鹿苑、江阴沿江一线江

韩墩遗址（2015年）　　唐林康　摄

金公墩遗址（2016 年） 陈东 摄

防重地。韩世忠屯兵庆安时，为掌控金兵进犯动静，命士兵在沿线堆筑了数座烽火瞭望墩，韩墩是其中之一。

清代，韩墩盛产“韩梨”，为当时朝廷贡品。据《四朝闻见录》载：“韩墩产梨为天下冠。”《吴郡志》亦记载，韩梨“皮褐色，肉如玉，所生不多，价极贵”。韩梨甘甜、白嫩、汁多无渣，香气袭人，且“削皮切片虽经日不变”。清末，在韩墩顶上建有韩山寺，至今香火旺盛。

金公墩遗址 金公墩又名陈墩，俗称小山。位于金村村夏高自然村西侧。墩高 6.5 米，占地 660 平方米。此墩系清乾隆三十五年（1770）进士金坤元墓地。后由其门徒陈氏出资，就近取泥堆垒而成。

园林古木

北宋时，鹿苑境内建陈陆园，此为张家港境内有志记载最早的园林。晚清时期，境内金村、鹿苑、塘桥均建有私家园林，并有文人题咏。以后历经兵燹，古园林几乎全遭毁坏，仅金村尚有少量遗存。

金家花园现存建筑（2016 年） 陈东 摄

金家花园 位于金村集镇工字形街北侧、暗泾河（现称妙金塘）西侧。建于清乾隆年间（1736—1795），占地 1.4 万平方米，分东园、西园。东园为富绅金坤元所建，门首有“慈乌启瑞”四字，园内水木亭台俱全。水榭有匾额“养拙”，由国子监司业陈祖范书并为之记。园中丽瞩楼、漱六斋、合璧堂、九曲桥、白皮松等称十八景。丽瞩楼以清初画家王石谷的画装饰门窗。西园为金坤元弟金培元所建，内有亭台、古松、草坪、池沼等，结构稍逊东园。道光年间（1821—1850），西园卖给王氏，故又称王家花园。咸丰年间（1851—1861），金家花园大部分毁于兵燹，园主无力修葺重建。该园现存房屋 3 进 5 间，硬山式砖木结构平房。第一进面阔 5 间，长 20 米，进深 8.5 米，山墙高 6 米。第二进面阔 5 间，长 20 米，进深 7.8 米，山墙高 6 米，房檐为双檐结构。第三进面阔 5 间，长 20 米，进深 10.4 米。房屋梁架过墙板等处尚能看出雕花之精美。

伍相庵古银杏树（2013 年） 张求己 摄

古银杏 塘桥镇境内古树以原种植在庙宇前后的古银杏树为主。新中国成立后，庙宇被拆，古银杏树大多被砍伐。至 2016

年，全镇树龄在百年以上的古银杏树有16株，其中，牛桥村伍相庵的古银杏树已有367年树龄。

2016年塘桥镇古树名木情况一览表

表5

树种	地址	株数	树龄（年）	树围（米）	高度（米）	冠幅（米）	生长情况
银杏	周巷村	1	150	1.92	15.60	6.15	较差
	香花桥	1		2.15	15.10	5.65	旺盛
银杏	周巷村	1	165	1.32	16.60	6.15	旺盛
	蔡舍	1		1.36	16.90	6.10	旺盛
银杏	韩山村	1	317	1.32	17.10	6.65	旺盛
	黄家桥	1		2.65	24.10	12.15	旺盛
银杏	青龙村	1	104	2.29	22.60	10.65	一般
	上相堂	1	131	1.65	16.15	5.60	旺盛
银杏	何桥村	1	180	2.05	16.00	5.65	旺盛
	楼子庙	1		1.83	18.60	7.50	旺盛
银杏	牛桥村	1	367	9.50	25.00	13.50	旺盛
	五厢庵	1		9.50	20.00	11.50	旺盛
银杏	牛桥村	1	146	3.60	25.00	10.50	旺盛
	东林庵	1		3.50	20.00	6.50	旺盛
银杏	牛桥村	1	137	1.60	15.00	6.50	旺盛
	小王堂	1		1.60	15.00	5.50	旺盛

寺观教堂

旧时，境内庙宇众多，几乎遍及各个行政村。由于岁月侵蚀、时代变迁等原因，这些古庙宇除伍相庵及鹿苑天主堂外，其他已荡然无存。现有寺庙大部分为改革开放以后重建。

伍相庵　位于牛桥村王家宕北侧。元大德八年（1304）僧修伦建，并在庙场东、西两侧各植银杏树 1 株。该庵坐北朝南，正殿 7 间，内供如来佛、观世音、望海观音、猛将诸神像及十殿阎王。西首原有朝东辅房 3 间，为和尚生活用房。1944 年，僧孔林为住持时重修，四方求神拜佛者络绎不绝。20 世纪 60 年代，庙内神像被毁，庙宇曾改作村小学教室。现正殿尚存，且保存较完好。庙前两株古银杏树生长旺盛。

2009 年，伍相庵被公布为张家港市文物保护单位。

永昌寺　位于金村集镇东侧。该寺为南朝四百八十寺之一，与兴福寺、大慈寺、白雀寺、永庆寺等同为齐梁古刹。初建于南朝梁代普通三年（522），唐代发展到鼎盛，明清时进行过重建和扩建。新中国成立前后，寺庙香火仍较旺盛。1958 年，佛殿、禅房全被拆除。1998 年 9 月，经张家港市政府批准恢复重建。2002 年 9 月，一诚法师亲笔题写“永昌古寺”寺名。1999 年 1 月，举行佛像开光典礼。该寺建筑面积 2000 余平方米，主要建筑有天王殿、大雄宝殿、观音殿、东西偏殿，总管殿。藏经楼于 2012 年建，建筑面积 960 平方米，供奉弥勒佛、韦陀、观世音等菩萨，释迦牟尼和阿难、摩诃迦叶等佛像，四大天王（东方持国天王、南方增长天王、西方广目天王和北方多闻天王）、西天三圣母等像。另有抗倭英雄金七塑像。大雄宝殿西侧墙上的彩塑 500 罗汉形态各异。每月朔望日，香客不断，香火旺盛。每年农历四月初八举行庙会活动（金村庙会）。

2005 年，永昌寺被公布为张家港市文物保护单位。

韩山寺　位于韩山村境内。始建于清代，有大殿、偏殿、厢房等 16 间。1968 年，该寺被全部拆除。1995 年，获准重建，由当地信徒自发集资修建观音殿和厢房等。1997 年

伍相庵（2016 年）　陈东　摄

永昌寺（2016 年）　陈东　摄

兴教寺（2016 年）　　陈东　摄

韩山寺（2016 年）　　陈东　摄

12 月，经张家港市宗教局批准，临时登记为塘桥佛教活动点，1998 年，被批准为塘桥佛教活动点。至 2001 年，寺院渐成规模，各种法事和佛事也走上正轨。主要建筑有大雄宝殿、观音殿、天王殿等。2005 年，经苏州市宗教局批准，正式命名为韩山寺。

兴教寺　位于顾家村境内。其前身为兴教堂，明熹宗天启元年（1621）村民自筹资金兴建。清乾隆年间（1736—1795），里人张玉珍助缘扩建，易名兴教寺。清光绪年间（1875—1908），又扩建并立碑。其时，该寺占地 2 万余平方米，主房 23 间，辅房 10 间，寺塔 1 座。1945 年，该寺大光师和尚用外出化缘所得资金重修殿宇，佛像装金，并增塑 60 余尊。1948 年，寺塔被拆除。“文化大革命”中，佛像被捣毁。1969 年，寺屋被拆除，寺内一棵 4 人合抱的罗汉松被砍。1993 年，经张家港市政府批准重建。寺院山门口有弥勒佛、韦陀菩萨各 1 尊，还有四大天王像。大雄宝殿内供奉释迦牟尼、阿难、摩诃迦叶、观世音菩萨等。两边是十八罗汉和文殊、普贤菩萨佛像。东、西两侧厢房内供奉地藏菩萨、千手观音等。

辟尘道院　位于欧桥村境内。其前身为西阳山居，为陈氏别业，始建于宋代，毁于明嘉靖年间（1522—1566）倭乱。清康熙年间（1662-1722），陈道集资在原址上重建，构堂阁，供奉斗姥、吕仙神像，并更名辟尘

辟尘道院（2016 年）　　陈东　摄

道院。清光绪十八年（1892），因江岸坍塌危及庙宇，里人将此道院迁至神阳堂老宅仙人台基上，建神阳堂5间，后排大殿5间，厢房6间，庙内供奉斗姥、吕仙、薛丁山、樊梨花等像，并易名金童庙。1934年，里人集资改建。“文化大革命”中，庙内塑像被捣毁，庙屋改作西旸小学校舍。1974年，庙屋被拆除。2012年12月，经苏州市民族宗教事务局批准重建辟尘道院。每年农历三月十八日举行庙会。

鹿苑天主堂 又名若瑟堂。位于滩里村境内，占地5680平方米，建筑面积1485平方米。始建于清康熙年间（1662—1722），清道光年间（1821—1850）堂宇重建，为3间1大厅，清光绪年间（1875—1908）又增平房数间。1932年拆除老堂，由上海神甫沈凤冈经办重建新堂，为西式建筑，建筑面积735平方米。鹿苑天主堂东首神甫住的平房、西边修女的住房及读经堂也翻造更新，四周建有围墙。“文化大革命”期间，教堂改作厂房。1973年，落实宗教政策，由滩里村出资重新装修。1985年，张家港市政府拨款11.5万元、教会筹资4万元进行修缮。2001年，扩建神甫楼，2002年，拓建绿化区。

1998年，鹿苑天主堂被公布为张家港市文物保护单位。

鹿苑天主堂（2011年） 陈东 摄

风土风情

金村庙会（2014 年） 陈东 摄

一方沃土，养育一方中华儿女。千百年来，塘桥人民在传承传统民俗文化的过程中，形成了诸多具有本地特色的民风民俗。这些风俗，有思想观念方面的，也有礼仪和生产、生活方面的。人们重祭祀，尚礼仪；诚交往，善耕织；民风淳朴，和谐相处。

塘桥自古地处长江之滨，地理位置得天独厚，丰富的物产各具特色。鹿苑鸡闻名遐迩，早在清代就被列为贡品，定胜糕上打上了时代的烙印，三安塘桥有机大米是人们常吃的绿色食品。

节日习俗

春节 农历正月初一，俗称新年。凌晨开始燃放炮仗，直至天明，称为“开门炮仗”。早饭吃甜汤糯米圆子，象征甜蜜团圆；晚餐吃馄饨，有“兜财”之意。是日，男女老少穿戴一新，象征万象更新。年初一不借火、不汲井、不扫地，言谈都用文明、吉利语。入夜，各家提早就寝，称“关日头困”，有的人家也燃放炮仗，称“关门炮仗”。初二开始往亲戚家拜年贺喜，俗称“跑亲眷”。直到正月十五，春节结束。

元宵节 农历正月十五，古为上元天官赐福之辰，故又称上元节。元宵节家家户户吃汤圆，也有食馄饨者，称“兜财馄饨”。按照习俗，这一天，每家都在灶台上放上红菱、荸荠、苹果、糖果、糕点、团子等供品。

二月二 民谚云：“二月二，蛇虫百脚全下地”。意谓过了农历二月初二，天气渐暖，冬眠的动物开始活动。民间有旧俗：以白纸书条，上写“二月二诸虫蚂蚁直入地”，其中“诸虫蚂蚁直入地”七字以朱笔倒书，贴于桌脚、床脚，以避虫蚁。二月二还有一个习俗，即家家户户蒸“撑腰糕”，也有以隔年的年糕油煎食之。此外，还有喜择此日为小儿剃头的习俗，据说可防疰夏，不生疮疖。

清明节 公历四月四日或五日为中国传统的清明节，是祭祀先人的日子。清明前一日为寒食日。旧时，这一日家家户户不生火、不杀生，吃的是前天准备好的食品。塘桥镇有一个习俗，凡新亡的人，前三年必须在清明节当日祭祀，要先在家里作享祭祀后才能上坟。三年以后，则可在清明节前后10天中的任何一天祭祀上坟。此外，儿童放风筝（俗称鹞子）至此日为止，因其后麦苗拔节，践踏易伤，故民谚有“清明断鹞”之说。

立夏节 立夏意味着春天即将过去，夏天将要来临。此时，一些蔬菜时鲜应时而出，有“立夏见三鲜”之说。塘桥人把梅子、樱桃、枇杷称为“树上三鲜”，把鲥鱼、黄鱼、河豚称为“水中三鲜”，把蚕头、竹笋、麦蚕称为“田里三鲜”。麦蚕是指青的元麦穗，其形似蚕，炒食后味道鲜美。这一日，塘桥人还有吃“草头（金花菜）面衣”的独特习俗，即把草头切细，拌面粉糊，在锅里煎成薄皮状即食。

端午节 农历五月初五为端午节。端午又称端阳、重午。旧时饮雄黄菖蒲酒、缚艾虎、刻桃核、门贴灵符等习俗，今已淡化。端午节人们吃粽子、吃咸鸭蛋的习俗仍保留至今。

七夕 农历七月初七的乞巧节（又称女儿节），是从牛郎织女的故事生发出来的民俗节日。这一天，本地农家都要做“巧果”。用面粉加白糖拌和，用擀面杖擀薄，再放上芝麻，切成长方形小块，中间划开后两头反串，然后在油锅里炸脆即可。这一日，少妇和未婚女子有把大红色凤仙花捣烂后染红指甲的习俗。入夜，人们对着一弯新月，看天上双星相会，祈求人间幸福。

中元节 农历七月十五为中元节，俗称鬼节。旧时这一日夜间，小孩被告诫不可外出；晚间睡觉，床前之鞋要底朝天；晾在外面的衣服不可过夜等。如今，塘桥人这一日都要祭祀祖先，俗称过“七月半”，其他旧俗均废。

中秋节 农历八月十五为中秋节，俗称“八月半”。此日，天上月圆，人间团圆，民间视为团圆节，月饼为中秋节特色食品。民间还有烧香斗、斋月宫、吃糖烧芋艿等习俗。

重阳节 农历九月初九为重阳节。这一天大部分人家都要蒸重阳糕。糕分五色，象征东南西北中的大地。糕有两种，一种叫块头糕，糕上分别有“福、禄、寿、喜”四字；另有一种糕用大蒸笼蒸制后，切成小块。家里不蒸糕的就到镇上去买。总之，这一日人人都吃重阳糕。此外，重阳节还有登高的习俗。据传少年登高长大可有高就，读书人登高能够高中，老年人登高会有高寿。重阳节定为老年节后，不少经济宽裕的村会给老年人发放慰问品或慰问金。

十月朝 农历十月初一前一日为十月朝，是一年中三个鬼节（另为清明节和中元节）中最后一个。旧时，官府要至厉坛设祭，而民间则有墓祭习俗。这一日，不分贫富，皆祭其祖。祭新亡故而未满三年的死者时，在上坟时还要号啕大哭。

腊八节 农历十二月初八称腊八节。20世纪50年代前，这一日塘桥镇的寺院会熬粥施舍给周边百姓，没喝上的便自家照样熬制，说是吃了此粥会驱疫禳灾。渐渐地此风在寺院冷落，转而变成民间节日习俗。腊八粥一般用糯米、红赤豆、花生米、白果、芡实、莲子、红枣、蜜果、瓜子肉等加冰糖、红糖、桂花熬制而成。

灶神节 农历十二月廿四为灶神节。这一日，家家都做米团，馅以豆沙等甜食为主。黄昏时分开始祭灶神（俗称斋灶）。斋灶时要点香烛，至烛熄便完成斋供，一家人分几次轮流跪拜，结束时把神马、千张、元宝一起焚化，放炮仗二声，仪式便结束。

除夕 农历十二月的最后一天为除夕，俗称大年夜。除夕要举行年祭，也称“作享”。祭祀用八仙台，朝门口的一方不设碗筷，其余三方用酒盅筷子设席位。席位的多少则根据各家先人的多寡而定。菜为“老八样”，即鸡、肉、鱼、豆芽菜、油豆腐、蛋饺等。酒过三巡，待香烛快燃尽时吹灭残烛余火，祭祀结束。斋祭结束后，所有的祭品都要回到灶上才能食用。纸锭、元宝等燃化后的余灰，要等冷却后才能倒在河边等清净的地方。年祭结束，合家欢聚吃年夜饭。

生活习俗

上茶馆（2016年） 陈东 摄

上茶馆 新中国成立前，塘桥镇茶馆较多，素有“十家店铺三茶馆”之说。不少人素有上茶馆喝早茶的习惯。清晨，集镇附近村民就到茶馆喝早茶，三三两两坐成一桌，相互闲聊，从天南海北到村坊巷里，新闻奇事，无所不谈。一些老年人风雨无阻，是为常客。上茶馆的还有谈生意的商人、接主顾的工匠。有喜养鸟雀的，携鸟笼来茶馆饮茶调鸟，红裳翠羽，鸣声啁啾，为清晨茶馆增添了不少水乡情趣。塘桥镇上茶馆喝早茶的习惯一直流传至今。

拜师学艺 新中国成立前，青少年当学徒都需拜师，商业称“学生意”，小手工业称“学手艺”。从师期限一般为3年。学徒边学艺，边帮师父家烧饭、带小孩、干杂活。期满，商店学徒即升为伙计；学手艺的办谢师酒，并在师父家再帮工3年，领少量生活费，俗称“学三年，帮三年”。新中国成立后，拜师学艺的年限由双方商定，一般为2～3年，但无帮工期。满师后，办谢师酒，宴请师父及师门长辈，作为独立从艺的开始。

义亲、寄亲 新中国成立前，双方为相互修好和依仗而结拜为兄弟，也有因抚养或拜认的义父母、义子女，均称义亲。寄亲是自己或子女攀认寄父母，或自己收认寄子女而结成的亲属，多数是为相互依靠，少数为保佑子女健康成长。结义亲、寄亲后，逢年过节、婚丧喜庆彼此往来，与至亲无异。此俗至今仍流传。

搭会 20世纪60年代前，塘桥镇民间有一种融资习俗，称“搭会”。需要融资的人为发起者和组织者，其在本村关系比较好的人或亲戚朋友之间物色入会者，以自愿为原则。发起人为头会，有特殊情况急需用钱的可申请协商为二会或者三会，其余入会的人员收会顺序则由抽签而定。收会的时间一般为每年两次，上半年在夏收以后，下半年在秋收以后，具体时间则由组织者与入会者商量确定，收会后，本次搭会即宣告结束。收会那天，收会者一般需置办简单的酒席，入会者全体参加，俗称“吃会酒”。从收二会开始，已收会的人需在基本会金的基础上每次多交几元（具体由与会者商定）给后来的收会者。

立石敢当 境内农户在新房建成后，一般要在大门口右侧靠墙置一个石敢当，以此辟邪镇宅。制作石敢当一般采用的是金山石，上面凿上“石敢当”三个大字。如用青石制作，除“石敢当”三个大字外，周围还加上一些纹饰。如屋的正前方有当头河、路等，则置一块石磨盘。旧时，在春节前后（农历十二月廿八或春节后的正月初九）要在石敢当前摆上祭品开祭，以求石敢当保家宅安泰。今此俗已废。

谢洪 旧时房屋落成后，为敬谢大地洪恩，要设坛建醮请道士诵经作法，俗称谢洪，保日后家宅平安。如今住户房屋落成装修，或工厂拆建翻造后，仍流行此种习俗。谢洪分小谢和大谢，小谢 2 ～ 4 个道士，大谢有 7 ～ 8 个道士（俗称七拖一）。小谢主要是由道士诵经礼忏消灾祈福，画门符贴在门框上，不进行踏斗、出将军等仪式。大谢的法事项目较多，操作时间长，主要有布置法场、请张天师坐帐、祭祀、踏表引逗、踏表追提、杀鸡儆猴、出将军、诵经解结保太平、祭亡祖宗、诵经撒鲜花等，以祈求岁岁太平，生活安定。

办喜酒

除男女青年结婚双方都要办喜酒招待亲朋好友外，另有：

小孩满月、满期（jī）酒 新生儿满一月称作弥月，俗称满月。满月时为新生儿理发，俗称剃胎头。是日，要举办酒筵招待亲友。祝贺的亲友，有送钱的，也有送婴儿金银首饰如锁片、镯子等，本家一般回赠蛋糕、鸡蛋等礼品。产妇这一日方可出房，回娘家吃“满肚饭”。婴儿满一周年称“满期”，男家要做满期团送亲友，并备办酒席，宴请亲友，向邻里送长寿面或满期团，以求子孙儿女团圆健康、长命百岁。

寿酒 境内居民一般年满五十或六十岁开始庆寿，以后每隔十年庆寿一次。旧时富有人家堂前正中挂寿星轴，搁几上放万年青、南天竹等；中间八仙台上点寿烛，两侧放茶几、椅子。祝寿的礼品有长寿面、喜糕、香烛、鞭炮，也有送寿轴、寿幛等。如今送蛋糕、寿面和营养补品，继而发展为送红包。庆寿时，寿星端坐寿星轴下，子孙亲朋晚辈分大小结对成双落座。尔后，点烛焚香，向寿星礼拜，口道“福如东海，寿比南山”“长命百岁，子孙满堂”等吉祥话。如今礼节从简，祝寿者齐举酒杯祝贺，寿星吹灭蛋糕上的红烛，在祝寿歌中分食蛋糕。接着吃寿面，再吃寿酒，共祝寿翁长命百岁。

竖屋酒　旧时，凡建造新房屋，房主要选定吉日上正梁办竖屋酒。上正梁时要放鞭炮，匠人要说吉利话，并要从上往下抛馒头、糕点、糖果等，俗称“抛梁”，以求平安顺利，发家致富。工匠还要将装有红蛋、糖果、香烟、万年青、“发禄袋”的青布兜系在正梁中间，以求袋袋（代代）发禄（兴旺）。是日，房主要办竖屋酒宴请亲朋好友和泥瓦匠、木匠师傅，亲朋好友要送红包，岳父家要备“摇钱树”、“饭山”、炊具、筷碗和水果、糕点、鸡、鱼、肉等，少则五六担，多则十余担，以示祝贺。近年来，房主在房屋竣工、装修后再择吉日办酒请客，赴宴的亲朋好友仍送红包，以示礼尚往来，情谊不衰。

忌讳　煤称“利市”。因煤与“霉”谐音。新中国成立前忌，新中国成立后已不忌。

店铺晚上关门称打烊。因关门与停业同义，故忌。

肉铺卖的猪舌头称“赚头”。因“舌”与“蚀”谐音，故忌。

病人服中药称吃“人参”。今已不忌。

农村老人忌称 63 岁。因有俗语“七九六十三，不死鬼来搀”，故多数超前自称 64 岁。另外，29 岁称“小 30”，49 岁称 50 岁，69 岁称 70 岁，怕过不了 9 这一关。

产妇未满月忌去亲戚邻舍家。今乡间仍忌。

父母去世未满月，子女忌理发，否则被认为不孝。戴孝期间，忌走亲访友，更忌入喜筵、寿堂。办丧事时向人家借的台凳及用具，在归还时要贴上红纸，忌晦气。

商店的门槛忌坐，怕挡生意不吉利。今不忌。

商店扫地忌向外扫，台上灰尘忌向外抹。因向外意为散财。今私人小店仍忌。

向人敬酒忌反手倒酒。今仍忌。

裁缝做蚊帐时忌开口说话。意为开口后挡不住蚊虫。

送礼物忌送钟。因送钟谐音“送终”。

串门走户时忌站在门槛上，意不吉利。

请客就餐时小辈忌坐上首，吃罢饭后忌把碗倒扣在桌上。

探望病人忌下午。意下午不吉利。

婚嫁喜庆

订婚 又称定亲，是旧式婚姻中男女联姻的前奏曲。择偶双方一般须门当户对，年龄相近，或央人作伐，或由坐媒撮合。女方的庚帖（生辰八字）由媒人送到男方，与男方的庚帖一并交给算命先生排八字，即是否合婚。如不合，女方的庚帖退回；如合，双方家长同意后即择日订婚、结婚。此俗今已从简。

结婚 旧称“做亲”。旧式婚姻中，订婚之后，根据双方年龄等情况，男家选定婚期，遣媒人向女家征求同意，即婚礼前的请期。女家可提出不同意见，以便有充裕时间置办妆奁。待双方意见一致后方正式举行婚礼。举行婚礼之日，两家都悬灯结彩，大宴亲朋。

闹新房 新婚夫妇进入洞房后，亲朋好友在新房里对新婚夫妇说笑取乐。有的索要喜果喜糖，有的对新人评头品足，引人发笑。其间，主人不能恼怒，要听任摆布，闹得越热闹越好，叫作“闹发禄”。闹新房的客人不论尊卑老幼，没有任何规矩。

催生 妇女怀孕临盆前夕，娘家按例备红糖、糕点等前往探望，称作“催生”。不少人家还做大粉团，叫作“催生团”，夫家把粉团分飨亲友，预报喜讯。

特色物产

血糯 又名鸭血糯、红莲糯。血糯以米色紫红似血而得名，清代被列为“御米”。

境内农户历来有种植血糯的习惯。农家冬季用血糯做酒酿，酿制米酒，颜色黄里透红，味道甜润醇厚，称“喜酒”，是待客佳品。农家办婚事，用血糯米粉做成团圆，叫“喜圆”。用血糯做的八宝饭、炒血糯、红米酥等名点，色泽鲜艳，香糯可口。现因低产且难管理，血糯种植面积逐渐减少。

鹿苑糯玉米　鹿苑糯玉米是鹿苑特有的地方玉米品种，也是张家港市优良作物种质资源之一，具有矮秆、早熟、短季、多穗、糯性强、适口性好等优良特性。长期以来，由于农民习惯简单的留种方式及对色泽的偏爱，形成了黑、白、紫、红等为主色调的多个杂色品种。近年来，由张家港市农业试验站对其进行了提纯复壮和改良，经过 4 ~ 5 世代的连续选择，分离纯化出白色、橙色、红色、紫色和黑色五大品系。以上品系均可作第二季栽培。

三安塘桥有机大米　在生产前采用三安生物高科技技术，对土壤、灌溉水、有机肥进行解毒、净化、修复，对重金属进行吸附，使生产环境达到原生态要求。在生产过程中不使用化肥，不使用化学药剂防病治虫，而是使用三安生物有机肥、三安生物植物保护剂及生物源制剂生产。在水稻成熟期，经权威部门田间抽样检测，达到“无化残，无药残，无农残”的《三安超有机食品中零农业化学品限量：农产品卷》标准。该标准超过欧盟、日本及我国有机食品标准。

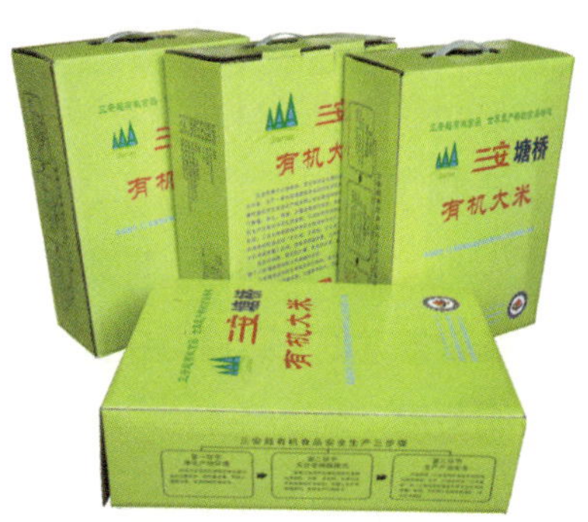

三安塘桥有机大米（2016 年）
张弛　摄

塘桥蒸菜　塘桥蒸菜历史悠久。1986 年，在境内青龙村新石器时代遗址蔡墩的发掘中，考古专家发现不少陶制生活用具。其中，陶甑底部有许多透蒸汽的小孔，说明早在五六千年以前，塘桥人就用蒸煮方法烹饪食品。

塘桥蒸菜选料考究，搭配合理，制作精细，工序科学，佐料讲究，火候适时。其成品具有色泽纯真、原汁原味、营养丰富的特点，食之细嫩鲜美，醇香可口，软熟滋糯，油而不腻。且可成批制作，快速便捷。

根据蒸汽的使用方法，可分为足汽蒸与放汽蒸两种。足汽蒸即盖严笼盖，不可漏气，蒸汽时间则根据不同的菜肴而定。放汽蒸即根据原料的性质和菜品的不同要求，在不同时段放气。

根据蒸制菜品的具体方法及风味特色，可以分为清蒸、粉蒸、旱蒸三类。清蒸即将

各种蒸菜（2014 年） 张求己 摄

各种蒸菜（2014 年） 张求己 摄

主料加工整理后加入调料、汤（或水）后蒸煮；粉蒸即将主料用炒好的米粉及其他调味品拌匀后蒸煮；旱蒸即主料只加调味品不加汤汁，有的器皿还须加盖或封口。

2013 年，塘桥蒸菜被列入张家港市非物质文化遗产名录。

拖炉饼 拖炉饼是塘桥特色时令佳品，时间自春节至元宵上市。此时，四方客商到达塘桥的，无不购买尝鲜，往往赞不绝口。本地人也用其作为馈赠亲友的礼品。

拖炉饼的制法：将香油渍透的面粉揉捏和匀，以猪油、白糖、荠菜等为馅，做成圆饼，外裹芝麻，放入炉中烘烤。烘烤特点：因饼馅油多，用特制烘屉交换烘烤，两面金黄，酥脆不焦。食之油而不腻，鲜甜适口，香气袭人。

定胜糕 定胜糕是塘桥地区农民家庭传统糕点之一。相传此糕起源于太平天国时期，塘桥集镇上的糕饼店主人庞老大，为送给太平军战士而特意制作的元宝形糕点。后太平军不负众望，旗开得胜，一举攻下常熟城，“定胜糕”的名称就此传开。

定胜糕的制法：其原料和一般糕相同，以糯米为主。糕粉拌好后放入元宝形的模具里，轻轻压实。反过来倒扣在蒸笼里，蒸熟取出，稍冷后将两糕的元宝底黏在一起即成，尔后在糕的两面中心刻上红色的印记，据说是暗喻“天朝大印”，以纪念太平天国。

拖炉饼（2015 年） 张维民 摄

定胜糕（2016 年） 陈祝平 摄

酒酿饼 酒酿饼是境内农户自制特产，其色泽金黄，绵软而香甜，是一种传统农家小吃。

酒酿饼的制法是：取面粉 1.5 千克，甜酒酿 0.5 千克（没有酒酿可用“酒脚”，即米酒吃完后容器底部沉淀的白色糊状沉积物）拌和，揉成面团，置盆内放置 5 ~ 6 小时发酵。把发酵后的面团分摘成小块，搓成圆团，再捏成盅状，内放豆沙或芝麻馅，轻捏封口，轻轻按扁成饼。然后将生饼放入铁锅内油煎至两面金黄时，泼入一勺清水，迅即盖锅，烧至水干，稍焖片刻，饼就熟了。揭开锅盖，满屋饼香。

方言俗语

口语方言 境内方言以吴语系统的虞西话（俗称常熟话）为主，分布在塘桥片区、妙桥及鹿苑片区南部。另有少量老沙话、崇明话，分布在境域东北、沙漕交界河以北地区。

长期以来，本地方言在人们的生活中起到积极的沟通作用。目前，老年人仍保留着浓重的乡音。部分年轻人，特别是少年儿童说普通话的较为普遍。随着外来人员的不断增多，年长者在与他们交流时，也跟着说些普通话，而与本地人交流时，则是标准的方言口语。

部分口语方言一览表

表 6

口语	词语	口语	词语	口语	词语
上昼	上午	瓦婆	下巴	百脚	蜈蚣
下昼	下午	额角头	额头	大膀	大腿
早起里	清早	手撑根	肘部	田鸡	青蛙
夜快	傍晚	拾脚	瘸脚	曲蟮	蚯蚓
今朝	今天	牙苏	胡子	知了	蝉
明朝	明天	膝馒头	膝盖	众生	泛指牲畜

续表 6

口语	词语	口语	词语	口语	词语
开年	明年	手臂膊	胳膊	御麦	玉米
旧年	去年	老虫	老鼠	长生果	花生
转来	回来	赚节	蟋蟀	番瓜	南瓜
转去	回去	猪奴	猪	草头	苜蓿
小干	小孩	偷瓜畜	刺猬	米糁	饭粒
囡	女儿	癞团乌	蝌蚪	饭迟	锅巴
尼子	儿子	癞团	癞蛤蟆	一塌刮之	总共
细娘	女小孩	壳涨	准备	定见	果然
郎中	医生	勃相	玩	偷畔里	暗地里
死血	冻疮	吼司	发愁、担心	贴正	刚好
迷露	雾	出松	溜走	作兴	也许、可能
冰牌	雹	吹风凉	乘凉	杭尽、交关	许多
鲎	虹	结毒	结怨	猴极	急性子
忽险	闪电	过人	传染	勿作兴	不应该
星移场	流星	塌漏	弄脏	个墨	那么
蓬尘	灰尘	弄乖张	开玩笑	勿墨	或者
搞扎	有出入	落脉	悠闲	壮	肥胖
墨事	东西	激棍	厉害	畔	躲藏
人情	礼物	做人家、巴家	节俭	汏手	洗手
噱头	有趣	促客	奸刁狡猾	耐墨好哉	不好了
肥完	债务	加尼	更加	印	冷
勿色头	倒霉	情	高兴	一忽	一觉

称谓方言 境内称谓方言中，丈夫妻子无对称词，一般均称对方名字，或在爹、娘前冠以长子、长女名字。对岳父母随妻称呼，对公婆随夫称呼。对同辈亲属的称呼以年龄大小为序，如“大伯、二伯、小伯”等。对外谈自己的亲属时常在称呼前冠以“我俚”，如“我俚阿公”“我俚尼子”等。对小辈习惯称呼名字，对同辈也有直呼其名的。对孙辈称“妹妹”“弟弟”，为习惯的亲昵称呼。

俗语 因塘桥地区原属常熟县，故境内俗语基本上沿用虞西话，保留常熟话的特色。

阿胡乱：不懂装懂，无能而偏要逞能。

倭吃乱：办事敷衍，不负责任。

猪头三：笨到极点，拎不清。

夹屎硬：硬争面子，硬充好汉。

别苗头：看苗头或跟别人比高低。

听壁脚：偷听。

敲竹杠：敲诈、勒索。

恶死做：耍无赖。

极出乌拉：发急、硬做。

呒手筛萝：无处下手，不知怎么办才好。

投五投六：忙忙碌碌。

测生头里：突然之间。

乌勿三白勿四：不干不净。

搭勿够：力不能及或交情不够。

斜快快，出趟趟：跑得飞快。

连糊其轧：连在一起分不开或条理不清。

咬力铁打：坚定，不可改变。

夹潦丝白：脸失色。

勒杀吊死：小气，吝啬。

气骨气素：气得伤透心。

冷水里热爆：本已平息的纠纷等突然又爆发。

眉梁里打结：有心事。

死人多口气：一个人无用到极点。

狗面亲家公：一时好得似亲家，一时翻脸不认人。

七石缸门里大：在家妄自称大，外出则无能。

老K失匹：精明人失算。

新箍马桶三日香：办事缺乏持久性。

莳秧照上埭：照上面的样子做。

鸭屎臭：丢脸、出洋相、出丑。

带害乡邻吃麦粥：连累人家倒霉。

名人与名镇

纵观塘桥历史，堪称人才辈出。有为数众多的进士、举人、名臣、名家。明朝有钱氏“一门九进士”、清代有庞氏“父子三进士”。近代以来，又涌现大批院士、专家、教授和革命志士。有革命烈士谢恺、水利泰斗张光斗、工艺美术大师庞薰琹、名医金兰升等。

历史名人

杨仪（1488—1564） 明代收藏家。字梦羽，号五川，妙桥北杨家人。嘉靖五年（1526）进士，任工部主事，转任礼、兵二部郎中。因太常乐废缺，杨仪曾受命考订，纂成《乐书》。后升山东按察司副使，备兵霸州，擒盗捉贼，求一方平安，赢得“文人带兵，盗贼全尽”的美称。后因政见不同，称病归里，以读书著述为务，并致力于宋、元旧本收藏和文物古董的鉴赏，其书室名“七桧山房”，别构另建万卷楼，多聚宋元旧本、名人墨迹、鼎彝古器，江左誉称“博雅”。著有文集《南宫集》《高坡异纂》《古虞文录》等，另有小说《金姬传》，笔记《骊珠随录》等。杨仪去世后，万卷楼所藏精本为其外甥，藏书家莫是龙所得。

杨仪

钱顺德（1535—1601） 字道充，奚浦钱氏第七世。明代隆庆二年（1568）考中进士。先后出任刑部主事、郎中。后钱顺德调至常德府。在任常德府知府期间，钱顺德减免徭役，赈济饥荒，安抚百姓，使四处流散的百姓重新安居乐业。后来他回家守丧，期满后出任兴化府知府。因为政绩突出，钱顺德升任浙江按察副使，后又调山东任按察副使。在任职期间，他执法公正，口碑很好。告老还乡后，亦热心地方公益事业。著有《未学庵稿》。

黄门（生卒年不详） 字道登，家居鹿苑奚浦。明隆庆元年（1567）考中举人，万历二年（1574）考中进士。曾经任过邵武、繁闽（今福建省邵武、光泽、泰宁、建宁等地）知县。在任知县期间，为消除当地豪门大族瞒报田产的弊端，除制定章法外，黄门还亲自深入田间地头丈量土地。由于政绩显著，被提升南工部主事，继而升任刑部员外郎，出任南雄府（今广东省韶关市东北部地区）知府，后又调任山东任盐运副使。任职期间，黄门十分关心当地百姓的疾苦。有一年当地发生饥荒，黄门便开仓济贫，将千石大麦分发给灾民，帮助他们渡过难关。为此，当地百姓尊称其为“大麦黄氏”。

萧应宫（生卒年月不详） 字观复，塘桥金巷人。明万历年二年（1574）进士，任职刑部郎中，调东昌府（今山东省聊城冠县等地）知府。曾经亲自擒获过有名的匪盗。又带兵守备潼关，保卫临洮。时当盛夏，有数万匪寇来犯边境，萧应宫整顿兵甲，布置疑兵，设下埋伏，匪众竟闻风而逃。当时舆论都推崇萧应宫是个不可多得的边防将才。萧应宫著有《和鸣集》和《朝鲜征倭纪略》。

萧应宫生前在故里金巷建造石拱桥1座，名萧家桥。该桥在李王村一组，已有400余年历史，为张家港市文物保护单位。他曾捐款修建河阳山永庆寺，并在今常熟方塔前、小东门、萧家廊下一带广营田宅。

钱谦益（1582—1664） 字受之，号牧斋，晚号蒙叟、东涧老人，鹿苑奚浦钱氏第九世。明末清初散文家、诗人，江左三大家之一。明万历三十八年（1610）登一甲三名进士，授翰林院编修。不久，为父亲服丧归故里。明天启元年（1621）补原官职，主持浙江科举考试。明崇祯元年（1628），任礼部侍郎兼翰林院侍读学士。后被革职，还家居九年。降清后，授内秘书院学士兼礼部右侍郎，任《明史》馆副总裁。顺治三年（1646）告病回家。次年，因涉嫌江阴黄毓祺反清案而被捕入狱。至顺治六年（1649）获赦归故里，居家著书。晚年贫困，皈心佛乘，住芙蓉庄。

钱谦益

钱谦益嗜书成癖，中年时构筑拂水山庄，凿壁为架用以藏书。后又在虞山东麓构筑绛云楼，积书“大椟七十有三”“至三千九百余部”。清顺治七年（1650）十月，绛云楼失火，藏书大多被毁。著作有《初学集》《有学集》《杜诗笺注》《开国群雄事略》《列朝诗集》《内典文藏》等。

陈桂森（1730—1785）　字和叔，号耕岩，妙桥西旸人。幼年孤贫，刻苦自励，受业于陈祖范。清乾隆三十一年（1766）登进士，迁庶吉士，授编修，改御史，转吏科给事中，擢光禄少卿，历太常少卿，迁大理少卿。曾一次为正考官，三次为同考官，两次为学政。由于出身寒微，而蒙朝廷重用，故办事勤奋，严于律己，不敢稍有懈怠。在翰林院，遇大比之年，四方士子云集，畏其清正，不敢有所请托。视学陕甘，不收供应，一切所需，秉公处置。巡视仓漕，严禁部属营私，革除陈规陋习，谢绝礼品馈赠。在广东督学乡试时，未及开考，病卒。时扶军郭世勋入其卧室探视，见其室内萧然简陋，叹息良久而去。诗文和粹如其人，书学得力于李北海、赵吴兴。

庞钟璐

庞钟璐（1822—1876）　字蕴山，号宝生，乳名文龙，是庞大坤之子。塘桥集镇人。清道光二十四年（1844）乡试中举人。道光二十七年（1847）会试第二名，复试一等十五名，殿试卷进呈御览时，排为第八。道光皇帝阅后改排为一甲第三名（探花），授翰林院编修。咸丰二年（1852），大考列一等第四名，提升为庶子，后又提升为侍讲学士，署理国子监祭酒，转侍读学士。三年后，升光禄寺卿，八年后，迁官内阁学士。后署工部侍郎，补礼部侍郎，典湖南乡试，督顺天学政，调户部侍郎，

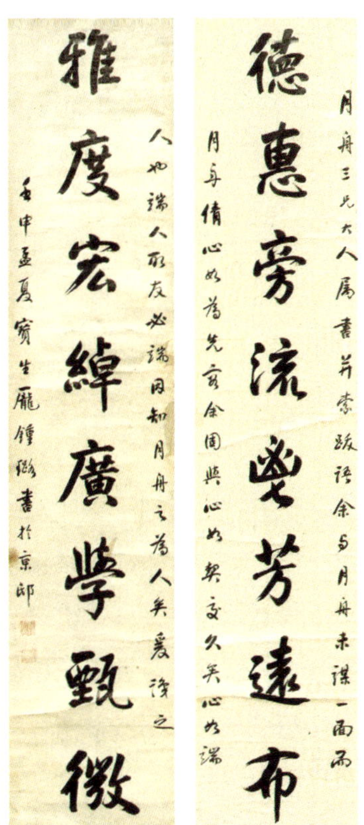

庞钟璐书法作品（二）（2014年）

张求己　摄

庞钟璐书法作品（一）（2015年）　唐林康　摄

署兵部侍郎，调吏部侍郎，升都察院左都御史，署工部尚书，升刑部尚书。他对国事有很多建议，但奏稿留存很少。其母病故后，庞钟璐回塘桥老家守孝，光绪二年（1876）闰五月初六病逝。皇帝按其生前业绩，赐谥号“文恪”。著有《文庙祀典考》等。

庞鸿文（1845—1909）　字伯絅，号絅堂，庞钟璐长子。塘桥集镇人，晚清文学家。光绪二年（1876）进士，选为翰林院庶吉士，授编修。精词、赋、骈、偶等文体，兼治经史及治国之学。曾任湖北学政，多次主持广西、云南的会试，分别校阅光绪十一年（1885）秋季乡试考卷和光绪十六年（1890）春季会试试卷，选拔人才，不拘一格。教育开导后代，特别注重品行第一。光绪二十二年（1896）告老回家。在家10年，办学堂，讲实业，想熔冶新旧学术，以纠正时弊。他提出以农业为重点，发展种植业，终因意见不一，未能实行。他见县志已多年未修，就拿光绪初年的采访稿，并搜集县的历史典故、传说轶事加以考证，对方志的体例略有变革，辛辛苦苦数年修成《常昭合志稿》50卷，事例增多，文字反省略。他还著有诗词、日记、杂著十多卷。宣统元年（1909）病故。

庞鸿书（1848—1915）　字伯敏，号敏庵。塘桥集镇人，庞钟璐次子。光绪六年（1880）进士，选为庶吉士，任翰林院编修。在翰林院工作的10年中，与兄庞鸿文共同关心国事，对于军事、律法、监政、漕粮、水利等学问，无不认真研究。光绪十四年（1888）校阅秋季会试卷，光绪十七年（1891）主管山东会试。他善于选拔人才，群众称赞他能“谋士”。后补御史职转给事中。任谏官后，识大体顾大局。请求核减忙漕、改革漕运折价，平稳粮价，以利百姓。后特旨任命河北大顺广道道员，革除河工积弊，节省国库开支。代理天津道按察使，直至督抚。治理诉讼之事，则亲自调阅案卷，审理案件，力求公平。管理财政，因地制宜，抽余补缺。在贵州任巡抚时，设置官钱局，发行纸币，解决财政困难。创办农林学堂，振兴实业。办陆军学堂，实行练兵。根据形势的发展，努力兴办新政。特设全省矿务公司，收回采矿权，在铜仁开采锑砂，为黔边人民谋利益。结果因筹办新政，触怒朝官，宣统三年（1911）农历四月，朝廷下旨撤职。1915年病逝。著有《读水经注小识》和《补元和郡县志四十七镇图说》。另著有日记、奏稿、文牍数十卷。

金鹤翔

金鹤翔（1865—1931）　字展青，幼香，号病鹤，金村人。幼年在东园丽瞩楼私塾读书。20岁赴苏州府应考中贡生第一名。同年应考吏部会试，选任内阁中书，不久辞职。返乡，过着耕读生活，常以游山玩水排遣忧郁之情。清朝末年，他参加南社。1912年，在常熟成立虞社，任名誉社长，后又组建“梅社”等文学团体，并出版《梅社》月刊，任副主编。他生前留下诗歌千余首，出版《病鹤诗稿》《病鹤词稿》等，均保存在常熟市博物馆。他亦爱好书法、金石、中国画等。

金兰升（1867—1938） 字清桂，号石如，晚号冬青老人，金村人。他聪颖豪爽，能诗文，擅书画、金石。光绪二十二年至二十六年（1896—1900），受业于江阴周庄内科名医柳宝诒（冠群）先生门下，学成后始业于金村镇，开设石如中医诊所。擅长中医内科杂病、风痨、臌膈、伤寒温病、内科、妇科等。且胆识过人，认为“温病要及早治疗”，每用承气汤药攻邪，治愈很多危重病人。当时常熟南乡，病多鼓胀，北乡病多黄疸。金兰升经悉心研究，创制多种丸散，治钩虫、贫血为“铁霜丸”，治鼓胀为“运脾丸”，治黄疸为“参珠犀珀散”，治胃病有“如意丸”等等，均有显著疗效。后迁常熟城内中巷行医，与王宗锡、章成器齐名，人称“三鼎甲”。1938年病逝。

金兰升

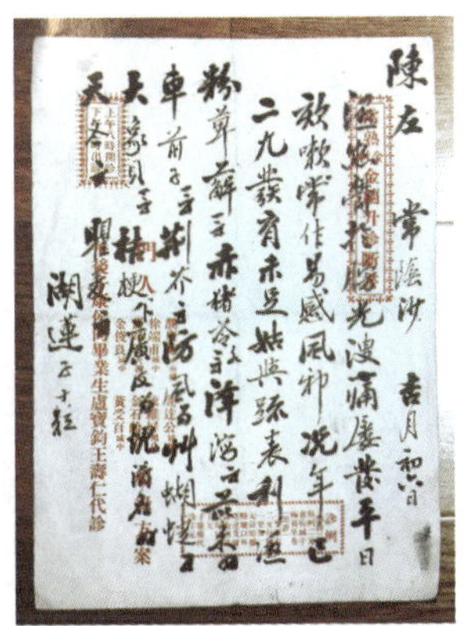

金兰升药方手迹（2016年）
陶全坤　摄

金兰升重医德，豪侠尚义。数十年行医惜贫悯苦，遇穷苦病者送诊给药；遇远来求医者，则留饭，给盘缠。他诊病必审询周详，屡起沉疴，名声籍盛，驰名于苏南地区。他还破除秘方不传之习，所制丸剂，药方公开，药店可自配出售。其著作有《历代名医录》一卷、《补缺山房医案》数十卷、《石龛医学从俎》二卷、《金氏丸散验方》、续柳冠群《惜余医案》若干卷等。惜多散失。

金鹤翀（1873—1960） 字叔远，晚号暗泾老人，金村人，21岁中秀才。擅古文辞，宗桐城派。光绪二十三年（1897），苏州创立中西书院（后改为东吴大学），即往任教。光绪三十三年（1907），上海德文医学堂成立，转往主讲。1918年，归故里，在常熟城区设馆授徒，达30年。他认为教师的责任，首先教人，其次教书。抗战时期，金鹤翀颠沛流离，常以糠麸度日，时或断炊而不改素志，不负所学。曾拒绝为常熟汉奸徐凤藻做生日寿文。新中国成立后，金鹤翀被聘为江苏省文史馆馆员。1960 年 6 月病逝。著有《钱牧斋先生年谱》《金村小志》《暗泾文抄》《菽园文谈》等，并参与编纂《重修常昭合志》。

庞树柏（1884—1916） 又名柏子，字檗子，号芑庵，别号剑门病侠。出生于塘桥贻安堂。15 岁，父亲因争漕一案入狱，不久便瘐毙狱中。母亲因悲痛过度，不久谢世。后进江苏师范学堂读书肄业。间在江宁思益、上海澄衷、苏州木渎、常熟两等学堂任教。后经人介绍，认识柳亚子，由柳亚子介绍，加入同盟会。

庞树柏

宣统元年（1909）南社成立。庞树柏和柳亚子、陈去病、高旭等人同为发起人。社员所做的诗文，辑为《南社丛刻》，先后共出 22 集。

宣统三年（1911）农历十月，武昌起义爆发。其时庞树柏正任上海圣约翰大学中国文学教授，便参与擘画上海光复计划，随后离职并赶回常熟策动响应。

1913 年，孙中山发动“二次革命”，庞树柏联络革命人士，准备发动常熟民众，响应反袁斗争。由于走漏风声，地方政府下令通缉庞树柏等人，他被迫离开常熟，逃亡上海，并赋诗一首《避难舟中看月》：“寂寂荒江晚，萧萧秋气清。扁舟今夜梦，双泪古乡情。月缺山河影，风多草木声。干戈何日已，漂泊任吾生！”1916 年抑郁而终。流传于世的著作有《龙禅室诗》和《玉琤瑽馆词》等。

孙翔仲

孙翔仲（1885—1953） 出生在塘桥西宅基，家境清贫，16 岁随好友季通应聘于鹿苑钱氏家塾，任塾师助教。钱家藏书颇丰，他任教之余，足不出户，几乎读遍了钱家的藏书。光绪三十二年（1906）考入江苏省立第一师范学校，以出色的成绩完成了学业。辛亥革命后，他深感农村孩子求学的迫切与艰难，多方求援，历尽艰辛，于 1913 年在塘桥创办了常熟县立第三高等小学。他献出 3 亩自业田作校基，并亲自担任校长。1915年，孙翔仲辞去第三高等小学校长职务，应聘到苏州，在江苏省立第一师范学校任教。1918年，东渡日本，入东洋大学哲学系深造。1921年，毕业回国，继任江苏省立第一师范学校教务主任并兼任江苏省立苏州中学教师。在此期间，他仍关心家乡的教育事业，在他的倡议下，1922年，常熟县立第三高等小学在虞西小学旧地设女子部，使女子能在新式学校中获得教育权利。

1921年，孙翔仲到上海爱国女学任教。1932年，任爱国女学校长。“一·二八”事变后，学校为日军炮火所毁。他多方呼吁求援，重新筹划，终于在上海江湾麈园重建爱国女校。1937年“八一三”事变后，学校再次为日军炮火所毁，师生不得不迁入租界，租赁民房办学。1941年，太平洋战争爆发，日军占领租界，孙翔仲联合当时上海著名的10所女中校长，约定采取一致行动，不向日伪登记，不悬伪旗，不接受日伪津贴。他在极端困难条件下坚持办学，表现了崇高的民族气节。

抗战胜利后，孙翔仲全力规划爱国女中（爱国女学的后身）的建设工作。在他倡导下，爱国女中和南阳女中等12校联合组成“被难学校复校委员会”，由孙翔仲任主席，向战败后的日本政府提出赔偿要求。后又争取到一笔文教款项，连同学校举办文艺义演等收入，投资建造教学大楼及大礼堂等，扩大了爱国女中的规模。他在学校推行奖学金制度，对贫寒子弟设助学金，并减免其学费，使贫寒子弟能坚持学习。

同时，孙翔仲不顾校务缠身，百忙中抽出时间和原籍塘桥的庞甸才、张醴泉、钱琴一等组织校董会，筹办常熟县立初级中学西塘桥分校。后因立案未成，改名为私立虞西初级中学，并于1945年9月开学。1947年9月，经他多方努力，使私立虞西初级中学终于改为常熟县立初级中学西塘桥分校。

1948年，孙翔仲突发脑溢血症，半身不遂。1953年，在上海逝世。

谢恺（1898—1927） 原名祖根、根宝，字玉芝。祖籍江阴顾山，20岁时迁居塘桥。自幼父母双亡，由贫苦的姑母抚养长大，14岁到常熟大义镇中药铺范恒生堂当学徒，3年后到王庄瑞和堂药店当店员。“五卅”运动时，他发起组织“常熟归义乡青年同志救国会”，创办刊物，组织剧团，抵制洋货，宣传爱国救亡。国共合作时期，在无锡圣道书院读书，秘密加入国民党。1926年秋，北伐

谢恺

军到达常熟后当选为国民党常熟县第三区党部常务委员，旋加入中国共产党。在江阴、无锡、常熟三县交界地区发动农民，建立农民协会，宣传“打倒土豪劣绅”“耕者有其田”。“四一二”反革命政变后，驻常熟北伐军内的共产党员筹划虞山武装起义，他奉命组织王庄、冶塘、大义等地近万名农民予以配合，后因事泄起义未成。这时党组织决定将已暴露身份的共产党员谢恺、周文在、顾近仁、严企光等撤离常熟，转道上海随曾培洪去武汉。而原国民党常熟县第三区党部的黄仲康、王北山、王际时等人得知谢恺即将离常熟去武汉，就一起密谋，决定先除去谢恺以免后患。他们雇用枪手，以商议要事为名，连夜把谢恺诓骗到王北山家，进行突然袭击，把谢恺杀害。为了掩盖罪行，将谢恺遗体毁容沉尸于尚湖。1951 年，谢恺被追认为革命烈士。2016 年，谢恺故居修复。

钱昌照（1899—1988） 鹿苑西街人，吴越钱氏第三十六世。幼年时在晋安小学接受启蒙教育。1918 年，毕业于上海浦东中学，翌年赴英国留学，就读于伦敦政治经济学院。1922 年，入英国牛津大学深造，次年参加北洋政府派出的考察团，到英国、美国、日本考察。回国后，立志从事工业建设，但时值军阀混战，未能如愿。1928 年，经人推荐任国民政府外交部秘书，1929 年，任国民政府秘书。1930 年，任国民政府教育部常务次长。“九一八”事变后，钱昌照建议成立国防设计机构，得到国民政府采纳。1932 年，任国防设计委员会副秘书长。此后，国防设计委员会改建为资源委员会，钱昌照任副主任委员。抗日战争时期，他与主任委员翁文灏合作，在大后方兴办一百多个工矿企业，吸收和培养大批建设人才，并组织力量对各种资源进行勘探，发展战时生产，支援抗战。

钱昌照

抗日战争胜利后，钱昌照任资源委员会委员长，主张国共合作，和平建国，反对内战，并和副委员长孙越崎共同计划接收工矿企业，组织恢复生产，开发资源，增强国力。但是国民党当局蓄意发动内战，他的抱负无法实现。在失望之余，于 1947 年春辞去资源委员会委员长职务。1948 年秋，到英国、法国、比利时考察。他在国外得知解放战争节节胜利的消息，决心回到祖国。在中共有关方面的帮助下，1949 年 6 月，钱昌照经香港到达北平，受到毛泽东、刘少奇、周恩来、朱德的接见。1949 年 9 月，作为特邀代表，出席中国人民政治协商会议第一届全体会议，当选为政协全国委员会委员。历任政务院财政经济委员会委员兼计划局副局长，第一、二、三、四届全国人大代表，第五、六届全国政协副主席，民革第三届中央委员、第四届中央常务委员，第五、六届民革中央副主席。中共十一届三中全会以后，不顾年迈，多次到沿海各地考察。1987 年，他已身患重病，仍然赴海南岛调查，对开发海南岛提出建议，得到中共中央和国务院的重视和采纳。1988 年 10 月 14 日，在北京逝世。临终前留下遗愿：一是增加教育经费，加强教育工作；二是加速开放海南岛；三是加紧促进祖国统一工作。

庞薰琹（1906—1985） 原名薆，字虞弦，笔名鼓轩。祖籍塘桥，庞鸿文之孙。画家、工艺美术教育家。1925 年，赴法国，先后在叙利恩学院、格朗·歇米欧尔学院研习绘画。1930 年回国，系统研究中国画论、画史，撰《薰琹随笔》。1931 年，与张弦、倪贻德组织决澜社，举行画展，蜚声艺林。新中国成立前，历任上海美术专科学校及北平、四川、广东等地艺术院校教师，兼中央、华西、中山等大学教授。其间，积极参加抗日救亡及爱国民主运动。1948 年，拒绝赴美国执教之聘，由粤返沪，迎接解放。新中国成立后，历任中央美术学院华东分院教授、教务长，中央工艺美术学院教授、副院长。

庞薰琹

庞薰琹画作《背篓》（2013 年） 张求己 摄

庞薰琹代表作有《大地之子》《路》《贵州山民图卷》及晚年的《瓶花》等。庞薰琹是工艺美术教育家，是我国第一所工艺美术高等学府——中央工艺美术学院的创办人。著述有《工艺美术设计》《图案问题研究》《中国历代装饰画研究》《论工艺美术》等。

张光斗（1912—2013） 鹿苑西街人。清华大学原副校长，水利水电工程专家和工程教育专家，中国科学院院士，中国工程院院士。1934 年，毕业于上海交通大学。1936 年和 1937

年，分别获得加州大学、哈佛大学硕士学位。1937—1943年，历任国民政府资源委员会四川长寿龙溪河水电工程处设计课长、万县襄渡河水力发电工程处主任。1943—1945年，在美国坦河流域局和垦务局任工程师。1945—1949年，任资源委员会全国水利电力工程总处设计组主任工程师、总工程师。

张光斗

新中国成立后，张光斗任清华大学水利系教授，曾兼任中国科学院水工研究室主任，水利水电勘测设计院院长，国务院学位委员会副主任等职。1955年，当选为中国科学院院士。1994年，当选为中国工程院院士。张光斗负责设计密云水库和渔子溪水电站，参与人民胜利渠、荆江分洪、丹江口工程、三门峡工程、葛洲坝工程、二滩水电站、小浪底工程和三峡工程等设计。著有《水工建筑物》《高等工程教育研究》论文集。先后获光华工程科技奖成就奖、何梁何利科技进步奖。他参与的葛洲坝工程设计成果获国家科技进步特等奖。

庞树灿

庞树灿（1913—1985）字荫庭，以艺名华特生行世，塘桥镇人。著名杂技艺术家，江西省戏剧家协会副主席。1926年，常熟县立初中肄业。1927年，考入苏州万国魔术会学艺。1929年，入世界魔术学院进修，为院长吴恩淇称赏。1931年，组织美克魔术团，任团长及演员。1950年，加入张慧冲巨型魔术团，任道具设计师和主要演员。1952年10月30日，庞树灿成立华特生巨型魔术团，任团长和主要演员，深入农村、工矿演出。1955年，首创以民族形式演出魔术，追求表演、音乐、服装、舞美等的民族化。1958年，华特生巨型魔术团改名为上海市国营星火巨型魔术团，任团长兼主要演员。同年，成立艺术委员会，调整部分团员，保留节目300余套。1959年，参加华东区魔术杂技会演，《缩遁》《水遁》《透明飞鸽台》3个节目获优秀奖。1960年援赣，易名为江西省魔术杂技团。华特生是中国“闪电派”魔术创始人，并擅长魔术玩具、智力玩具和巨型魔术设计。创作节目有《三隔奇遁》《水晶遁来》《电美人》《催眠赠奖》《机器人》《人身传电》《伞遁》《农家乐》等，演出遍及国内22个省、市。庞树灿曾任中国杂技家协会、中国杂技家协会上海分会理事，江西省文联理事，江西省戏剧家协会副主席。著有《华特生魔术》《魔术种种》《魔术的节目和剧目》等。

钱延康

钱延康（1913—1999） 鹿苑西苑村人。当代著名风景画画家。1929 年，考入苏州美术专科学校西洋画系，得到颜文梁校长的悉心指导。1940 年，加入中华全国美术工作者协会。抗战时期在重庆两次举办个人画展，用画笔进行抗日宣传。1951 年始，先后在上海、湖北两地的艺术院校执教。1960 年，为人民大会堂湖北厅绘制大幅油画《长江第一桥》。1963 年，步行数百千米进入神农架原始森林写生，作《森林巡防》等油画 50 多幅，震惊武汉三镇，被各报刊誉为“森林画家”。作品先后在美国、新加坡等国家和中国香港地区展出。曾任湖北省美术院绘画创作室副主任，上海水彩画、粉画研究会副会长、顾问，中国美术家协会会员。当选为上海市长宁区政协第五、六、七届委员。曾向家乡博物馆捐赠画作 60 幅。

陈桂生

陈桂生（1924—2004） 塘桥杨园村人，江苏省劳动模范。幼年家境贫困，新中国成立后，积极投身土地改革和社会主义建设。1954 年，加入中国共产党。后历任防汛乡乌鹊村民兵分队长、初级社社长、高级社社长，塘桥公社曙民大队（今杨园村）徐千泾生产队（后改为新千斤生产队）队长、大队长、大队党支部副书记、江苏省贫下中农协会委员、中共沙洲县委委员。他在担任生产队长期间，带领社员精耕细作，潜心探索小麦生长规律，总结出一套行之有效的栽培小麦高产、稳产经验，使小麦产量大幅提高。1976 年，小麦亩产达 403 千克，加上水稻，全年粮食亩产达 1086.8 千克。1978 年，曙民大队三麦亩产达 427.3 千克。“三麦赶水稻，水稻翻一番”的口号在当地变成现实。徐千泾生产队由此更名为新千斤生产队。20 世纪 70 年代，新千斤生产队三麦高产经验在全国推广。1971—1981 年，塘桥公社和陈桂生领导的新千斤生产队先后接待全国 16 个省、市、自治区前来学习取经的各级领导和技术人员 41 万人次，同时培训 700 多位种田高手分赴全国 17 个省市 91 个县教种试验田，传授三麦高产栽培技术。1974 年，北京科学教育电影制片厂到新千斤生产队拍摄《水乡三麦夺高产》科教片。同年6月，专题介绍该队三麦高产的图片《三麦一季超纲要》在全国农业展览馆展出。1975年和1978年，陈桂生当选为第四届和第五届全国人大代表。1983年，被授予江苏省劳动模范称号。2004年10月病逝。

邓绍基

邓绍基（1933—2013） 妙桥横泾人。中国社会科学院荣誉学部委员。1955年，毕业于复旦大学中文系，进入文学研究所工作，曾任副所长、学术委员会主任，是中国社会科学院研究生院教授、博士生导师，国家古籍整理出版规划小组成员，国家古籍整理出版规划领导小组成员，中国杜甫研究会、中国《水浒》学会、中国《红楼梦》学会和中国近代文学学会顾问。自1992年起，享受国务院特殊津贴。长期从事中国文学史研究工作。主编的《元代文学史》，获中国社会科学院优秀科研成果奖；编注的《元诗三百首》，是近代以来第一部元诗选本。

张永来

张永来（1938—1996） 妙桥欧桥村人。江苏省劳动模范、江苏省乡镇企业家。1956年7月至1967年，先后任初级、高级农业生产合作社、欧桥大队会计。1968年起，历任欧桥大队革命委员会副主任、主任，村党支部书记、党总支书记。他带领全村群众发展村办工业，实现农副工综合发展，探索出一条农民共同致富的路子。到1980年，全大队先后办起手套厂、针织厂、农机厂、服装厂、编织厂，集体经济得到发展，率先跨入全国千万元大队的先进行列。1987年，全村农、副、工三业总产值7036万元，外贸收购额1219万元，居苏州市各村之首，列全省第二。全村户户通大道。村民用上自来水，80%的农户使用液化气。1988年，欧桥村成为张家港市第一个亿元村。欧桥村一度被誉为“苏南模式”的典型，成为全国闻名的治穷致富先进单位。张永来曾当选为第六届全国人大代表，政协江苏省第六届常委。1988年、1990年，先后被江苏省人民政府评为劳动模范、乡镇企业家。

进士名录

塘桥镇进士一览表

表 7

朝代	姓名	字	号	科次	官职	备注
宋	陈元大	孔硕	—	嘉熙二年（1238 年）	仕温州教授	西旸陈氏始祖
明	杨　伸	仲舒	退庵	永乐九年（1411 年）	刑部主事，江西瑞州府推官	
	杨　集	浩然	—	景泰五年（1454 年）	观政兵部，安州知府	
	杨　仪	梦羽	五川	嘉靖五年（1526 年）	工部主事，礼、兵两部郎中，山东按察副使	
	钱　籍	汝载	海山	嘉靖十一年（1532 年）	遂安知县，南御史	
	钱　庶	国徵	三溪	嘉靖二十九年（1550 年）	行人	
	钱顺时	道隆	行所	嘉靖三十八年（1559 年）	刑部任职	
	钱顺德	道充	—	隆庆二年（1568 年）	授刑部主事、郎中，浙江按察副使	
	钱　岱	汝瞻	秀峰	隆庆五年（1571 年）	湖广监察御史	
	萧应宫	观复	—	万历二年（1574 年）	刑部郎中，辽海道兵备	
	黄　门	道登	—	万历二年（1574 年）	工部主事，刑部员外郎，山东盐运副使	
	钱时俊	用章	仍峰	万历三十二年（1604 年）	工部主事，湖广按察副使	
	钱谦益	受之	牧斋	万历三十八年（1610 年）	明，礼部右侍郎兼翰林院侍读学士；清，内秘书院学士兼礼部右侍郎	探花
清	钱朝鼎	禹九	黍谷	顺治四年（1647 年）	刑部主事，员外郎中，广东提学道，浙江按察使	
	钱裔僖	嗣希	五峰	顺治四年（1647 年）	嘉祥知县	
	钱祖寿	福先	三峰	顺治四年（1647 年）	户部主事，员外郎中	
	钱延宅	大士	咸亭	顺治九年（1652 年）	礼部主事，御使	

续表 7

朝代	姓名	字	号	科次	官职	备注
清	陈士林	杏村	—	乾隆二十二年（1757 年）	贵州瓮安、永从、施秉知县	
	钱大章	俊闻	鹭州	乾隆二十五年（1760）	乐平令，武昌县知县	
	陈桂森	和叔	耕岩	乾隆三十一年（1766 年）	翰林院编修，御史，吏科给事中，光禄少卿，太常少卿，大理寺少卿	
	庞大奎	云章	星斋	嘉庆二十二年（1817 年）	应山、江夏知县，荆州、武昌同知，德安、施南、汉阳知府	会元
	庞钟璐	蕴山	宝生 大堃子	道光二十七年（1847 年）	光禄寺卿，内阁学士，刑部尚书	探花
	庞鸿文	伯䌹	䌹堂	光绪二年（1876 年）	通政司副使	
	钱禄泰	鲁詹	漱青	光绪二年（1876 年）	户部主事，教授	
	庞鸿书	伯敏	敏庵	光绪六年（1880 年）	翰林院编修，贵州巡抚	

艺文杂记

诗词选录

诗选

题渔家壁

〔元〕郑韶

漫郎家住黄泗浦，闲看飞花坐北窗。
渡口青山高似屋，门前潮水直通江。
垂杨系艇已千尺，春鲤上盘才一双。
野老相过无一事，白头喜对酒盈缸。

中峰寺

〔明〕杨舫

看山有余兴，杖策入中峰。
绕屋听鸣涧，巡檐见怪松。
杯深明月堕，诗就碧纱笼。
尘迹向已绝，空吟壁上蛩。

题福山新城

〔明〕钱籍

高城雄亘釜山隈，表里山河亦壮哉。
东压岛彝三楚隔，西分星汉九天开。
风涛挥霍金为键，日月回旋玉作台。
海外于今称有截，论功何愧列三台。

禄园夜雨写怀

〔明〕钱泮

风声杂雨夜萧萧，倦枕昏灯梦寐劳。
报国丹心徒自许，欺人华发不相饶。
池塘春草无新句，篱落寒花有旧交。
起看窗头三尺剑，尚余壮气烛层霄。

过慈乌村赋赠东园先生

〔明〕吴宽

东园高似汉东园，丹桂庭前日益繁。
七岭东回含道气，双河南下接仙源。
生儿义虎犹存穴，哺母慈乌更有村。
声闻不虚天不远，于公终不负高门。

后秋兴（其一）

〔清〕钱谦益

杂虏横戈倒载斜，依然南斗是中华。
金银旧识秦淮气，云汉新通博望槎。
黑水游魂啼草地，白山新鬼哭胡笳。
十年老眼重磨洗，坐看江豚蹴浪花。

后秋兴（其二）

〔清〕钱谦益

海角崖山一线斜，从今也不属中华。
更无鱼腹捐躯地，况有龙涎泛海槎。
望断关河非汉帜，吹残日月是胡笳。
姮娥老大无归处，独倚银轮哭桂花。

村庄红豆花诗

〔清〕钱谦益

金尊檀板落花天，乐府新翻《红豆篇》。
取次江南好风景，莫教肠断李龟年。

题赵翁卖药图

〔清〕翁同龢

君家慈乌村，返哺乌亦喜。
一朝闻母疾，重茧血芒履。
君看乌飞翔，不敢越百里。
中夜绕树啼，行人可以止。

周官久阙坠，司市无权衡。
既驰奇慝禁，复竞锥刀争。
岂知布衣士，怀抱济世情。
闵彼叩门人，一里蕲再生。

赵子非画师，伏地写父真。
声颏在魂梦，纸笔皆有神。
卖药亦雅事，垂诫犹谆谆。
勖哉诗礼学，毋溷屠沽尘。

题金氏九老图

〔清〕沈瑾

慈乌村中水土良，金氏一宗尤寿长。
兄弟叔侄常聚首，学问可师亦可友。
如今利重骨肉轻，戈操同室时相争。
一乡孝友推彭城，苍颜白发传丹青。

瓜瓞绵绵颂天保，九老之后有百老。
人忘反哺不如乌，斯图万古传家宝。

题慈乌村图

〔清〕吴昌硕

朱扆千年春水渡，河阳一角夕阳山。
垂垂杨柳门前碧，中有人家善闭关。
年来满眼障红尘，何处扁舟访隐伦。
安得移家此中住，卜邻更有素心人。

分咏金氏东园八景之四

〔清〕释真诠

梅岗积雪

带雪疏梅倚曲岗，参差清艳护虚堂。
暖回冻壑融春色，粉映晴岚驻夜光。
玉树影迷千仞碧，银峰寒压一林香。
琼华拥翠浑难辨，点缀偏宜松竹苍。

钓矶柳阴

环溪摇曳翠因依，雅伴垂纶惯息机。
傍岸渐看连竹坞，含烟便觉覆苔矶。
渔竿界破浓阴护，鸥翼冲开嫩绿围。
偶坐池塘疑入画，全身水墨冷侵衣。

吾庐雅集

结庐幽胜俨陶庐，联咏风情日不虚。
邀客尽携花下酒，留僧试剪雨中蔬。
一湾柳绕孤村水，百丈松围五亩居。
更爱园庭饶逸趣，探奇屐齿未曾疏。

小山野眺

一卷翠耸羡跻攀，无限幽情入望间。
花木半村啼鸟静，烟波几处钓徒闲。
泠泠忽听风前磬，隐隐遥看云外山。
向晚悠然余兴在，冷吟斜日淡忘还。

春日游仁园见壁间咏菊诗和其韵（二首）

〔清〕庞钟璐

简书无计定苍黄，赢得星星两鬓霜。
缥缈堪寻蓬岛胜，绸缪且补苇城荒。
更期飞将从天降，可许颓波障海狂。
惆怅苏台麋鹿走，何时重复吊真娘。

寻春扶病谒伽蓝，悟彻禅心月印潭。
舞咏能谐童冠志，安危空作主宾谈。
何须觍首留遗迹，只愿弥陀共一龛。
作客兰成悲日暮，小园幽径有谁探。

江亭春望

〔清〕庞鸿文

觚棱佳气捧去来，辉映昭王旧日台。
黍谷几吹邹律暖，析津频泛汉槎回。
山连榆塞形原壮，水咽桑乾冻未开。
为望蓟门烟树里，此中应有栋梁才。

张市至栏杆桥

〔清〕庞树柏

新涨悠悠阔，轻帆故故斜。
晨光动杨柳，春色在桃花。

开浚竺塘工次口占

金鹤春

回忆前功已卅年，潮流灌溉惠农田。
老成虽去遗型在，我辈如何让昔贤。
诰朝天气放新晴，畚筑如何洽众情。
赖有诸君勤补助，河堤廿里乐观成。

癸卯花朝

金鹤翔

玉梅开尽雪全销，临别山容转寂寥。
楼外鸟声当歌管，樽前乡味诩烹调。
主宾不碍谈风月，童仆何知说剑箫。
漫与诸公商后约，二分春好是今朝。

慈乌启瑞

金鹤翀

慈乌启瑞有金村，五百年来子姓繁。
半是耕渔半是读，不须辛苦扫侯门。
慈乌启瑞有金村，我爱田家古道存。
常教儿孙毋懒惰，东皋负耒看朝暾。
慈乌启瑞有金村，西北还依朱扈墩。
颐乐堂前秋稼好，祖宗朱紫不须论。
慈乌启瑞有金村，清白家风遗子孙。
鸦片既除还戒博，遣愁只许酒三樽。

寄友人

钱昌照

雄都今日诗歌会，
祖国遥传呼唤声。

露重星稀秋月夜，
何人不动故乡情。

七绝两首

邓绍基

（一）

情怀素愿记年华，却收依稀岁月淹。
致仕安将名位望，乡心常与雁争光。

（二）

学文原是生平志，授业均为当代贤。
碌碌无成悲白发，忝蒙荣誉只惭颜。

五卅有感

谢恺

为宣国耻独当前，流血申江悲动天。
交涉延延无结局，今朝又是一周年。
国事蜩螗政不修，触景悲忿更添愁。
强权侵犯无休日，为问同胞羞不羞？
民气不扬国必亡，男儿溅血却心伤。
波连全国徒遗恨，雪耻他年在自强。

词选

金村竹枝词

〔清〕金尔果

慈乌村里是吾家，聚族于斯几岁华。
约略到今传廿世，家家有谱谱堪查。

慈乌村里是吾家，风俗由来朴不华。
半效横经半负耒，相承耕读即生涯。

慈乌村里是吾家，五月农忙斗水车。
车到斜阳红欲坠，西泾阁阁又鸣蛙。

慈乌村里是吾家，岁晚农闲酒肆哗。
诗思不须驴背觅，塘南风雪正交加。

题叔远慈乌村图

吴梅

［步步娇］ 如此溪山真如画，随处都潇洒。是寻常百姓家，掩上了蓬门，一抹晚天霞，淡疏疏好个村庄也。

［醉扶归］ 这一搭、柴门杨柳春风乍，那一搭、板桥流水夕阳斜。弄机妇女少奢华，读书子弟多风雅。这洞天福地是仙家，问先生何福能消也？

［皂罗袍］ 明月清风无价。问何时、樽酒来话桑麻？人间清福不妨赊，傲烟霞，便是神仙亚。寻春去者，东风柳花；寻秋去者，西风暮鸦。这村居畅是清闲也。

［好姐姐］ 有时节，山中闲耍；有时节，村中闲话。花月散，人几生修到家？你可归去罢，俺待明年告个春游假，来与先生埽落花。

［尾声］则这冷淡生涯世上寡，喜风光不在桃源下。则这云树堆中，你家、可在何处也？

金缕曲

钱昌照

国庆节寄海外友人

消息重洋阻。触离怀，云停月落，思君至苦。国正需才君犹壮，何事滞留异土？且寄语，速君警悟。浪迹天涯头易白，莫等闲，再把韶华误。自助者，人多助。

每逢佳节亲朋聚。祝宏猷，万人空巷，载歌载舞。蓬勃中华新气象，十色五光争睹。因念尔，频年羁旅。收拾行装须趁早，一条条、都是归来路。特为尔，歌金缕。

友人全家在美寄词促归

何日重相聚？甚心情，消沉壮志，异邦久住。八载悠悠海外梦，行见盛年辜负。应怜惜，膝前儿女。少小不知乡国事，况之无，未识先胡语。教与养，真堪虑。

亲朋为尔添愁绪。制新词，心长语重，殷勤寄与。但得回头便是岸，浪阔水深毋惧。正祖国，花开处处。锦绣山河春万象，待归来，与尔同歌舞。莫再把，归期误。

怀述

浩荡东风里。发苍苍，尚未消失，元龙豪气。满目青山明夕照，分秒尤须争取。永保着，乐观情绪。一粟亦增沧海量，老年人，富有青春意。慰亲友，书频寄。

宏伟规划千年计。承大业，勤劳勇敢，人民八亿。新的长征程万里，领导英明无比。创辟地，开天奇迹。科技赶超欧与美，在前列，走入新世纪。红旗舞，歌声起。

散文

正午阳光下的古黄泗浦

吕锦华

位于张家港塘桥镇的古黄泗浦是一处非常让人流连忘返的地方。它吸引人的原因有三点。

首先，它是唐代鉴真和尚成功东渡日本的启航地，鉴真前五次东渡都失败了，但这一次——也就是第六次从黄泗浦码头启航后，尽管也遭受了狂风巨浪，但最后他成功了，终于踏上向往已久的日本国土地，此后一直在日本传授佛教、建筑、医学等达十一年之久。

其次，我们常常喜欢用“沧海桑田”来比喻世事变化的巨大，而真正能见到这种变化的机会其实很少，但在古黄泗浦，当一千多年后的我们站在这个当年送鉴真东渡的大海边时，我们再也看不见沧海横流碧波追逐，看不见碧海长天浪击岸石。映入我们眼中的，是阡陌田地小河流水，是小楼幢幢绿树掩蔽，是一派秀丽的江南景色。看到我们眼中困惑不解的眼光，当地主人讲了这样一个故事：多年前他们请人在黄泗浦上架桥，当掘土机往下开挖后，河两边的地质结构就显现出来了：一边是坚硬结实的岸地，而另一边却是疏松泥沙堆积起来的土地，黄泗浦仿佛是一条陆地与大海的分界线，划出了截然不同的两块土地。因此，后来，当我们非常虔诚一步一步登上黄泗浦上的小桥时，我们都感到自己好像站在了一个岁月历史的门槛上，心中不由得掀起阵阵波澜。

再就是，古黄泗浦的周围现在已建起一个美丽幽静的东渡苑，取名“东渡”，当然是为了纪念成功东渡的鉴真和尚，而鉴真和尚对于我们当代人来说，最为可贵的就是他的那种百折不挠永不言败的精神。

在鉴真纪念馆，我们看到双目失明且年事已高的鉴真，在五次东渡失败后，仍高扬风帆率领弟子从黄泗浦出发。而此时的鉴真从十四岁落发为僧住进扬州大明寺研究佛学后，已成为一名学识渊博的高僧，对我国的建筑、美术、雕塑、医药等都颇有研究，被誉为江淮佛教的首领。有一次日本僧侣荣睿、普照来到扬州，代表奈良朝廷请鉴真派弟子去传授佛教，鉴真当场答应，还说：“是为法事，何惜身命？诸人不去，我即去耳。”旗帜鲜明地表明了自己传法的态度。然而，东渡日本又是何等艰难，先后五次举帆皆飘落荒岛，还先后死去三十多人，鉴真悲痛万分，不久便双目失明。但他东渡的决心仍不泯灭。直到唐天宝十二年的冬天，这位66岁的盲僧终于踏上了日本的土地，带去了中国的佛学、建筑技术、雕塑艺术、医药学等，为中日两国的文化交流作出了卓越的贡献。而黄泗浦这个大海边的美丽港口，也成为他生命里最值得骄傲和怀念的地方。

我们在东渡苑内慢慢走着，正午的阳光照在身上，让人明显感到有了灼热的感觉，而黄泗浦这个曾经是通江入海口的重要港口，如今则成了一条和江南所有的小河几乎没什么两样的静静小河，河里游鱼接喋，河边青草萋萋，在经过了一千多年的风风雨雨后，它的面前崛起了一片广袤的田地，它的名字前面也被人冠上了一个“古”字，成为“古黄泗浦”。而此刻我站在它的身边，耳边却响起了这样的歌声：“希望你们渡大海如平地，居船上如坐床，四船联翩，不日平安归来！”——这是日本天皇的伺臣们在为远去中国的船队吟唱送行，盛唐繁荣的经济与文化，使日本全国上下不断派出大批人员前来中国，把中国作为学习的榜样，而黄泗浦，也一定接纳过无数的友好使者呵。

于是我想，正午阳光下的古黄泗浦，该又是一部历史，一部值得中国人骄傲的历史，同时又是一部值得我们铭记的历史。尽管上世纪三十年代日寇的铁蹄曾经蹂躏过华夏的土地，但我们祖先却在一千多年前，曾恩泽过这个岛国的民族，古黄泗浦，是一页最好的见证。

一方诗碑留佳话

吕大安

万里长空色绀青，举头一望起乡情。

遥怀今夕春日野，叁笠山巅皓月升。

东渡苑内，东渡桥南侧的一方诗碑上镌刻着上面这首诗。诗的作者是生活在一千两百多年前的一位日本人，名叫阿倍仲麻吕。

阿倍仲麻吕生于公元 698 年。阿倍 16 岁那年，因品学兼优被朝廷遴选为遣唐留学生公派到中国求学。同时渡海前往中国的还有吉备真备等青年学子。阿倍等人在京城长安学习中国的礼仪、法律、诗文、音韵等，孜孜不倦，锲而不舍，学问日有长进。若干年后，同来的留学生学成之后陆续返回日本效力（吉备真备在中国学习了 19 年）。阿倍深感中国文化博大精深，他决心留下来继续深造。当时执政的唐皇李隆基也很是欣赏这个勤奋好学、富有朝气、多才多艺的异国青年，曾多次召见他，给他赐名为晁衡（一名朝衡），擢用他在政府部门任职。晁衡兢兢业业，不久就迁升为秘书监兼卫府少卿（从三品，掌管器械、文书、政令）。

晁衡在长安生活多年，结交了当时已极有声望的诗人李白、王维、储光羲等人，朋友们都亲切地称呼他为“晁卿”。李白在一首诗中曾写道：“身著日本裘，昂藏出风尘”，并自注“裘则晁卿所赠，日本布为之。”从中可以窥见两人的情谊确实很深厚。

光阴荏苒，30 多年过去了。公元 752 年，日本国派遣第十次遣唐使团来到中国，担任副使的就是已成为著名学者的吉备真备（正使是藤原清河）。吉备与晁衡在长安相逢，自有一番沧桑之感。此时，年已 54 岁的晁衡忽起思乡之情。落叶归根，是啊，是该返回故土了。晁衡返国的请求很快得到李隆基的批准。

临行前夕，诗友至交依依不舍，纷纷为晁衡饯行。王维写了一首诗相赠：“积水不可极，安知沧海东。九州何处远，万里若乘空。向国惟看日，归帆但信风。鳌身映天黑，鱼眼射波红。乡树扶桑外，主人孤岛中。别离方异域，音信若为通？”（《送秘书晁监还日本国》）

753 年初冬，晁衡随藤原清河、吉备真备离京南下，专程到扬州拜会鉴真，面商了渡海赴日之事。几天之后，四艘遣唐使船抵达通江达海的黄泗浦码头。十一月十五夜，一轮圆月从东方水天之际冉冉升起，月光照耀着缓缓流淌的江水，照耀着一望无际的田畴，阿倍仲麻吕回首在中国度过的三十六个春秋，怀想着大海那一边的故乡亲人，感慨万千，不禁吟诵起“万里长空色绀青，举头一望起乡情……”这样的诗句。

经过一个多月艰苦的海上航行，鉴真等僧众乘坐的第二船以及第三、第四船先后到达日本，而阿倍仲麻吕乘坐的第一船却遇风暴和漩流，同船队失去联系，生死不明……翌年春，“晁衡遭遇海难”的消息传到长安，故人闻讯无比伤悲，李白洒泪写下了《哭晁卿衡》，字里行间饱含悲怆、惋惜之情：

日本晁卿辞帝都，征帆一片绕蓬壶。
明月不归沉碧海，白云愁色满苍梧。

其实，晁衡并未遇难。那艘船搏风斗浪总算挺过来了，随着洋流向南一直飘流到安南（今越南），在驩州海岸登陆。经过整休，晁衡于756年初取陆路北上，六月间返回长安，不久，重被朝廷任命为左骑常侍、镇南都护。

热爱华夏文化的阿倍仲麻吕最终没有回归故土，70岁时殁于中国，葬于长安。正是：

中日交谊渊源长，风流余韵说盛唐。
诗碑一方留佳话，古黄泗浦证沧桑。

碑记

境内古碑刻现尚存数十块，有水利疏浚碑、寺庙祠堂碑、墓碑、诗文书法碑等。其碑文真实记载了境内的政治、经济、文化及各家族状况，是研究人文历史不可多得的珍贵资料，亦具有较高的艺术欣赏价值。

重浚三丈浦记

〔明〕钱岱

常熟直吴北境，其地密迩大海。而入海诸渠，联络襟带，藉以灌溉宣泄，如血脉之流，贯以营卫，厥利甚溥。第海潮冲激，浮沙易聚，而水道亦易淤。西北一境，有奚浦、西洋、黄泗及新庄四渠，而独三丈浦为最大。万历初尝一浚，不二十年而复淤，始犹涓涓如带，亡何渐成平陆。西北舄卤地，遇旱暵则无所资桔槔，遇淫潦则西湖诸荡之水四溢为民害，而靡所得入海之道，岁屡不登，盖坐此也。而浚治所以难者，有三：费昂藉公帑则官不给，缙绅不共役而专责恒农之子，则民不服。一以为利，不及沟浍，一犹稍恃潮汐以支旦夕，则议不定，逡巡掣肘，宜任事者难之矣。我邑大夫耿侯，一履浦上，即洞厥端委，进父老诘之曰："若境以水为利，若舍大海之利，而远恃他境之水，不已远乎？"父老曰"然"。又诘之曰："若谓田不傍浦，无所事浦，不知浦干而诸河其枝也。干瘁，枝得荣乎？"父老又曰"然"。条其议，上之两台及兵使者郡大夫，佥曰可。乃按田多寡以出夫，量工难易以给直，度广狭深浅以均役。设号椿之规以防奸宄，严积土之法以备壅塞。夫统于长，长统于官。时其饮食，节其作息，核其勤惰。先完者赏，后完者笞，中程者撤工，未中程者加浚，俨然军兴，法也。法既具，先行之福山港，次行之李墓、横沥、湖漕诸河。而以丙午春，鸠工于兹浦。奚浦亦并受工。簿张君奉侯要束，暴处其间营表。程、董侯复巡行慰劳之。稍稍扶其不及，民用竞劝，未逾月，所浚河五千四百丈有奇。而奚浦杀五之一，延袤十十余里。自是，西北诸水，如血脉之营绕，靡有散漫壅淤之病。而稻粱兴歌，桑麻遍野，环河之民有起色矣。即水潦以非时至，而两湖、诸荡方百里之水有所归，民不鱼矣。西北一境，及锡山以西，澄江以东，转输食货者，舳舻相鳞次，直抵城下。则匪惟居者之利，亦行者之利矣。事既竣，乃诠序其浚治始末，勒之石，以示后之治水者。

永昌庵地藏殿碑记

〔清〕姚大勋

邑之北郊三十里有金氏村，村之东旧有永昌庵，庵旁祀潘圻、丕王、土地，故又称潘圻庙云。余与金氏为世好，时或往还，窃慕其水土清淑、风俗淳朴、每流连不能去，自含光三世长没疏阔者几二十年，今春杪偕惟正金君来游是庵，见"永昌禅院"额系前明范允临所书。知庵固昔日之精蓝也。殿供大士像，为一方香火之所归，旁列客堂、寮舍、庖湢之属，条理井井。竹木秀野、庭院清闲，为诵唐人"曲径通幽"之句。惟正曰："先生知庵之所自昉乎？予七世祖醴泉公讳守贞所重立也。伯祖次洪公、伯父文表公，先兄含光公相继修葺，而次洪公于殿后尝建设家庙，忆昔童时随诸父兄春秋祭享瞻拜以为常。岁癸未，家庙改卜，其屋闲置，住僧不能守，转瞬毁塌。岁癸巳，先兄绍基公即其地谋建地藏殿，供奉地藏金身，用资先世冥福。亦颇宏敞坚好，更以饭僧未敷，复捐困虑两号田一十五亩零，延改庵。师主之用辛苦，费用多，较前更倍。绍基公之功，或者其未可泯欤！”余曰：“然，从来识见宏远之士，断不徒为一身一家之计，凡先人未竟之志，将坠之业，每不惮黾勉拮据，以丕承旧德。是庵绵延百五十年，金氏祖孙父子相继支撑，今兹且有日异月新之势，金氏福祥殆未有艾也！”绍基讳培元，工竣后遂殁。其嗣君舆、晖、轮、辇等涓诚请为记，予不敢以不文辞，是用书。乾隆四十四年岁次己亥夏六月某日建。

芦庄王氏支祠碑

〔清〕李兆洛

常熟恬庄之东有芦庄焉，王氏居之，不百年而兴。封赠其先世，皆五品官。迄今孙曾数十，以恩例议叙者、副乡科者列庠序者济济盈庭，蔚然世家，为邑之望。王太原望也，系出宋太常皋南渡时徙迁，传十九世曰槐江公潮，自福山迁金村，生伯先。伯先生世贞，乃迁芦庄。子三：绍达、绍昌、绍熙。王故方雅族，贫素自守。屡徙益窭。至绍熙而振起恢大之。子三：振凡、振声、振基。振基以例贡议叙大理寺评事署寺丞。

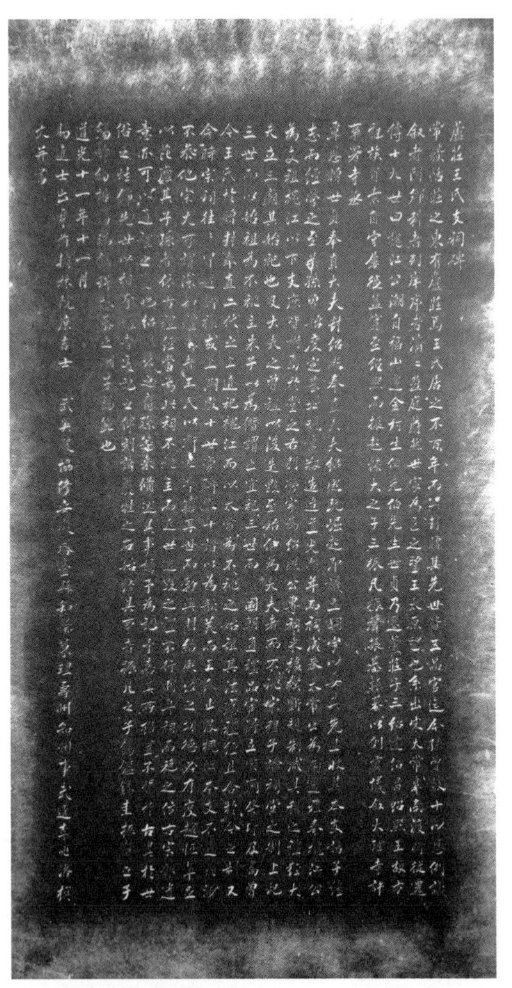

芦庄王氏支祠碑（2008年） 姚明公 摄

覃恩赠世贞奉直大夫，封绍熙奉直大夫。绍熙既崛起，即议立祠宇以妥其先。且收其本支诸子，继志而经营之。至其孙曾始度定基址，规画创造。迨道光六年而祠成，奉太常公为南迁祖。奉槐江公为支祖、槐江以下支庶皆附焉。于堂之右别营宇为绍熙公专祠，采椽樸斫，规制咸具，稽之礼经，大夫立三庙，其始祀也。及大夫之曾祖以后迭毁，至始□为大夫者而不祧，宋程子论祠堂之制，上祀三世而以始祖为不祧，主朱子以为僭，谓止宜祀三世。而国朝通礼品官得立家庙祭，皆及高曾。今王氏于赠封奉直二代之上追祀槐江。而以太常为不祧之始祖，其法应礼经且合于今之制。又今时宗祠，往往冒越鑽杂或上溯数十世，旁联数十谱，以为歆美。而王氏止及槐江本支不□荒渺，不忝他宗，尤可谓深知礼意者。王氏以新□著籍再世而勃兴，则绍熙公之功德，必有度越恒辈足，以芘荫修其子孙者，依古礼经当为此祠不祧主，而近世迭毁之，礼不行，则专祠而祀之。仿古宗报遗意亦可，以通礼之变也。绍熙公之裔孙等备述其事，谒予为记。予嘉所其措置，不背于古，异于世俗之炷，饰先世以相夸耀者，爰记之。俾刻诸丽牲之石。始终其事者，振凡之子锡鉴，锡圭；振声之子锡畴、锡诰、锡瑞、锡科；振基之嗣锡范也。

金氏先祠记

〔清〕陈祖范

人生之事无他，务本而已矣。务本则亲亲，亲亲故尊祖，尊祖故敬宗，敬宗故收族，收族故宗庙严。在国，则一切赐爵、享宾、视朔告至皆于庙行事；在家，则遣女、见妇、议断族事、训治子姓，必先祖之灵是禀是承。故宗庙严而人道已几于备，君子将营宫室，宗庙为先，岂其绌人而崇鬼哉，诚急所当务也。礼，天子至官师皆有庙，汉以来臣下无敢擅营宗庙，惟建祠堂。古者庙无二主，一庙自为一世，后省为同堂异室，室以西为上，自西而东，至三室而止。至于祠堂，主皆南向，昭穆左右列，祔主多寡，其数不拘，盖缘人情而变通乎，占之制者也。

邑中富而好礼者，往往建祠以享，而祠规莫善于慈乌村金氏。维金氏远有代序，自仁山先生后，分支入吴，由昆山迁常熟之西乡，祠中木主不远，溯仁山而奉迁祖，启明别子为祖，继别为宗之义也。启明四世单传，至月轩后，丁乃蕃，分居成村，西村之祖曰德辉，东村之祖曰昆璧。昆璧本无子，以德辉子公求为子，盖两支，实一支也，是故派分东西，而祠祀则合，祠合而东西之派未始不分，出乎东者从其祖而居左，出乎西者从其祖而居右，上治祖祢即所以下治子孙也。斯法之设，族属聚谋、方议、度地营构而慨然独任者，东派之后曰培元者也。祠成，以予姻故来请记。

予惟兹祠之建有三善焉。凡祠主，多奉往代之有名位者为鼻祖，其间世次之，稀密传继之，疑信或不深究，欧阳氏之远溯率更不若苏氏，谱之不书长史为谨而信。又士大夫之家于祫止及高祖，更溯而上，则疑于禘僭也，兹祠不追仁山而近奉迁祖，一善也。派分东西，东西各自为祠，未尝不可，然隘而私，东西合祠而祔主，若全无区分又混且扰，兹则分而合，合而分，一善也。人情好胜，于他务或喜于独为君子，至宗族中事，即财力优赡亦日子孙岂惟我哉，而我独任也。若培元之一无旁贷、聿观厥成，良不易得，三善也。具此三善，兹祠为可书矣，故为之记。

清诰授光禄大夫刑部尚书谥文恪常熟庞公（钟璐）墓志铭

〔清〕翁同龢

今皇帝嗣位之初，四方响平，两宫求治日切，大臣中有以硕学清望未在朝列者，曰顺德罗公、常熟庞公。其年罗公薨，朝士大夫期公以必来，越一年，而公赴继至。天子念公旧臣，赐祭葬，予谥文恪。公之孤遂以年谱事状，请铭于龢。呜呼！龢与公三世昆弟交也，其可不铭？公为人和易廉介，衷怀坦然，立朝数十年，言依于经，事准于当世之法，尺寸无逾越，故中心之诚慊于人。人佥曰："庞公恪，谨君子人也。"公年二十三举于乡，越三年，丁未成进士。

清诰授光禄大夫刑部尚书谥文恪常熟庞公（钟璐）墓志铭（2010年）　　姚明公　摄

宣庙擢置上第，授翰林院编修，大考升庶子，五转至内阁学士。闻赠公赴奔丧归。其明年，为咸丰十年，粤寇轶金陵，连陷苏常，大江以南无完邦。常熟距苏州百里，义民输金钱，缮什具，忍死奋忠，枝梧其间。有旨即家，起公为团练大臣。公率义旅搏贼于西乡，数十战，亡其精锐而向东，各乡民团且守且战，势日蹙，城竟陷。夫以数十百创残饥羸之夫，守弹丸之地，遮数十城骄悍之寇，前湖后江，飞走路绝，远近无援，万端□曳。论者固决其不可守矣，而公独深自引咎，上疏自劾。上鉴其诚，诏特原之，仍责以规复之策。公至上海抚夷伤，设间谍，力陈小民在汤火中，得尽蠲积年逋赋。而尤伟者在请援一事。方是时，苏常沦为异域，上海一隅，形单气泄，仅仅自固，而相国曾公方督师沿江，指金陵为顺攻之策，兵阻不相闻。公间道贻书，略言上海为饷源重地，请以奇兵万人，一勇将统之，倍道而来，即万人可当十万之用。曾公得书，以舟师畀今相国李公浮江而东，厥后卒从上海以次划复常熟、苏州，东南郡县由是底定。向使迁延历时日，贼势益牢，其祸未知所届也。于是叹公之识，真足达兵家顺逆之机，而其苦衷曲折以善全终始者，为不可及。已服除，再授内阁学士。同治元年，奉母至京师，擢礼部侍郎，充湖南乡试正考官，授顺天学政。任满历户部、吏部侍郎、都察院左都御史，充经筵讲官。赐紫禁城骑马，晋刑部尚书。公既以仁厚诚信被恩遇，每奏对，言益切直，于刑狱尤兢兢，虽小罪惨怛溢于词色。在位一年，母夫人卒，公持丧归，与龢握手，衰麻中相怜也。已而相勖，龢行，公送之，深夜苦语，泪下不能收，盖自是与公诀矣。公讳钟璐，字宝生，常熟庞氏，生于道光二年七月十日，薨于光绪二年闰五月六日，年五十有五。曾祖清标，祖敬熙，父大堃，皆赠光禄大夫。曾祖妣李氏，祖妣葛氏，前母陈氏、赵氏，皆赠一品夫人。母赵氏封一品太夫人。配周夫人，食贫奉亲，有贤行，先公卒。子：鸿文，翰林院庶吉士；鸿书，举人。孙：树庭、树阶、树韡。女字杨同颖。其葬在县西太平桥落字圩。公承赠公之学，治经守师法，长于制举之文，居台阁以词赋名。一为学政，久任国子祭酒，以经学造士。其著书曰《孔庙祀典考》五十卷、古文词若干卷、奏议若干卷。海内之士以文章、学行推公，而龢则服公在兵间久，而不轻言兵事；推贤与能，而不尸其名；为国家任艰巨，而不骛苟且补苴之术。千虑百图，若畏若讷,《易》所谓慎密而不出者，公足以当之矣。遂系以铭。铭曰：

群嚣营营，文夸武兢。爰有德人，镇纷以定。在朝卅年，敷文吐谟，伏庐闇然，白头一儒。公于先人，著籍弟子，友吾伯兄，诹榷经史。呜呼吾兄，古训是程。弥天一棺，戢恨边城。谓公尚健，坠绪终理。天乎不遗，吾学其已。凡人之生，或刚或柔。俎豆金革，圣不并谋。慎守吾拙，善用吾弱，无功无名，万命攸託。有菀者山，有沔者江。告我邦族，仁人之藏。

雪琴金公暨妃萧宜人墓志铭

从侄鹤翔撰文

宗曜书丹

宗晅篆盖

鹤翔安葬先府君之明年，从弟宗翰来告曰：“昔先君子之葬也，虚志墓之石。越十

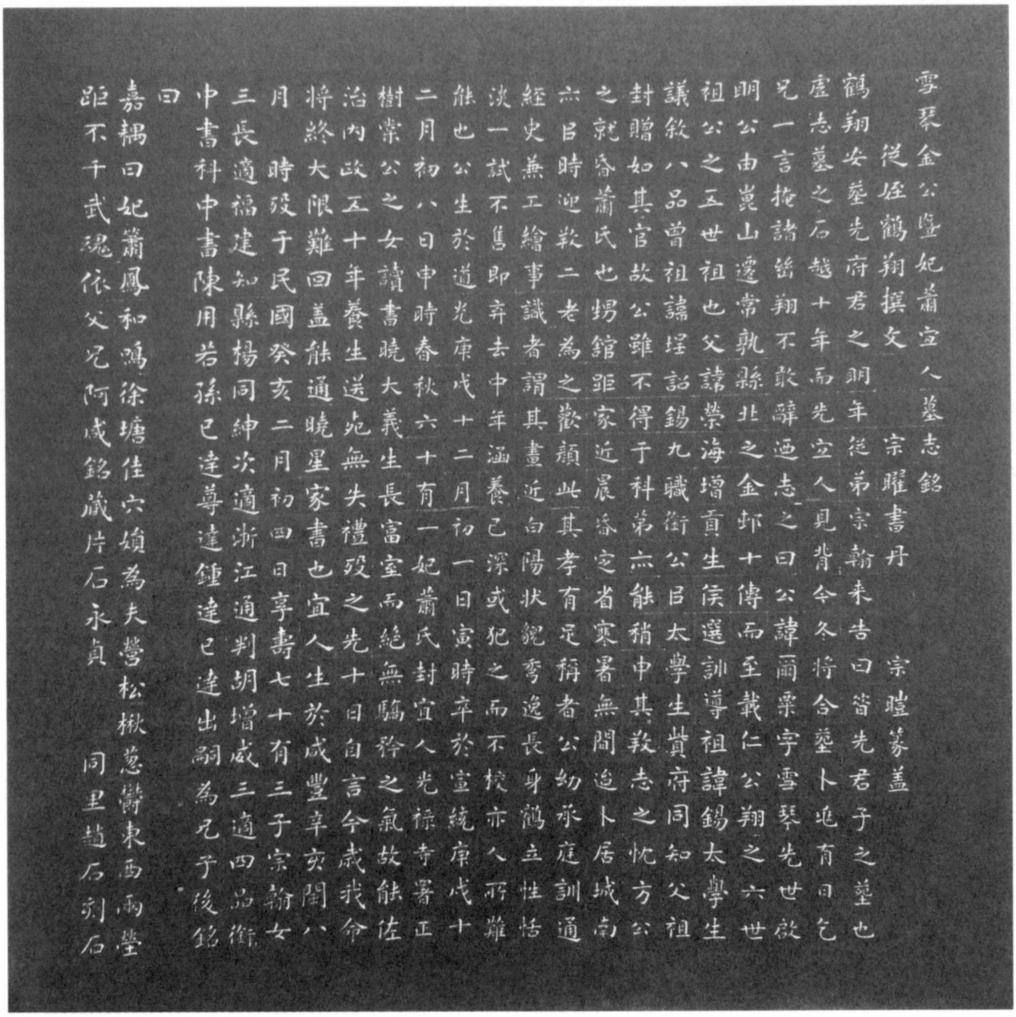

雪琴金公暨妃萧宜人墓志铭（2010 年） 陶全坤 摄

年而先宜人见背，今冬将合葬，卜兆有日，乞兄一言，掩诸幽”。翔不敢辞，乃志之曰：公讳尔粟，字雪琴。先世启明公由昆山迁常孰（熟）县北之金邨（村），十传而至载仁公，翔之六世祖，公之五世祖也。父讳荣海，增贡生、侯（候）选训导。祖讳锡、太学生，议叙八品。曾祖讳埕，诏锡九职衔。公以太学生赀府同知。父祖封赠如其官，故公虽不得于科第，亦能稍申其养志之忱。方公之就昏萧氏也，甥馆距家近，晨昏定省，寒暑无间。迨卜居城南，亦以时迎养。二老为之欢颜，此其孝有足称者。公幼承庭训，通经史，兼工绘事，识者谓其画近白阳，状貌透逸，长身鹤立，性恬淡。一试不售，即弃去。中年涵养已深，或犯之而不校，亦人所难能也。公生于道光庚戌十二月初一日寅时，卒于宣统庚戌年十二月初八日申时，春秋六十有一。妃萧氏，封宜人，光禄寺署正，树棠公之女。读书晓大义，生长富室而绝无骄矜之气，故能佐治内政五十年，养生送死，无失礼。殁之先十日，自言今岁我命将终，大限难回，盖能通晓星家书也。宜人生于咸丰辛亥闰八月□时，殁于民国癸亥二月初四日，享寿七十有三。子宗翰，女三：长适福建知县杨同绅，次适浙江通判胡增威，三适四品衔中书科中书陈用若，孙：已达，尊达，钟达，已达出嗣为兄子后，铭曰：

嘉耦曰妃，萧凤和鸣。

徐塘佳穴，妇为夫营。

松楸葱郁，东西两茔。

距不千武，魂依父兄。

阿咸铭藏，片石永贞。

同里赵石刻石

金叔远先生墓碑文

先生金氏，讳鹤翀，字叔远，晚号暗泾老人。常熟金村人。世业儒。性淡泊，喜愠不形于色。一生绩学，工古文辞，通佛老哲理，好博览，尤熟于邑中掌故。从游者甚众。壮岁膺聘为吴中东吴大学讲师，与同里黄人摩西、余杭章炳麟太炎为文字交。后入沪同济大学任教。晚遘寇祸，潜迹里巷，课徒自给，节操弥厉。寇退，始出任县志修纂委员会及文献委员会委员。新中国成立，被聘为县人民代表、省文史馆馆员。公历一九六零年六月，考终于里邸；距生于一八七三年，得年八十八岁。所著《暗泾文钞》《钱牧斋年谱》《偾牛记》等，已行世。墓旧有碑而毁，今重立之，并为铭曰：

虞山崇隆，先生之德；

尚湖汪洋，先生之泽。

门生集议，树此贞石，

粗述芳徽，永垂楷则。

杨学诗、庞梅孙、翁宗庆、祁龙威

李克为、邵宪宇、祁虎文、戴　逸　　谨志

一九八六年冬

艺术作品与作者

2016年年末塘桥镇国家级和江苏省级协会会员一览表

表8

姓　名	性别	出生年月	原籍（村、社区）	级　别	入会时间
钱欣葆	男	1946年12月	何桥村	中国作家协会会员	1998
谢利锋	男	1971年8月	刘村村	中国书法家协会会员	2001
高卫平	男	1966年9月	巨桥村	中国书法家协会会员	2001
苏险峰	男	1973年1月	横泾村	中国书法家协会会员	2005
陆　华	女	1977年8月	镇中社区	中国书法家协会会员	2008
庞伟龙	男	1979年7月	蒋家村	中国书法家协会会员	2008
奚训达	男	1957年4月	巨桥村	中国书法家协会会员	2010
钱晓君	女	1977年2月	滩里村	中国书法家协会会员	2010
庞　曦	男	1969年10月	镇中社区	中国音乐家协会会员	2013
张志刚	男	1978年8月	蒋家村	中国摄影家协会会员	2011
卢润良	男	1945年1月	妙桥社区	江苏省作家协会会员	2005
施卫新	男	1970年9月	鹿苑社区	江苏省作家协会会员	2009
钱昌贤	男	1944年8月	妙桥社区	江苏省书法家协会会员	2000
奚冬渊	男	1983年1月	巨桥村	江苏省书法家协会会员	2002
肖　琳	女	1982年11月	鹿苑社区	江苏省书法家协会会员	2004
许建新	男	1957年6月	刘村村	江苏省书法家协会会员	2006
陈　东	男	1971年11月	顾家村	江苏省书法家协会会员	2006
邓建峰	男	1972年3月	金村村	江苏省书法家协会会员	2006
庞钧法	男	1948年5月	周巷村	江苏省书法家协会会员	2007
汤建军	男	1965年8月	鹿苑社区	江苏省书法家协会会员	2007
刘正华	男	1967年11月	金村村	江苏省书法家协会会员	2007
黄志刚	男	1965年12月	青龙村	江苏省书法家协会会员	2010
浦宏观	男	1968年8月	滩里村	江苏省书法家协会会员	2011
钱向红	女	1970年3月	顾家村	江苏省书法家协会会员	2011
钱惠红	女	1970年2月	巨桥村	江苏省书法家协会会员	2012

续表 8

姓　名	性别	出生年月	原籍（村、社区）	级　别	入会时间
温宇军	男	1972 年 1 月	欧桥村	江苏省书法家协会会员	2012
钱新震	男	1976 年 8 月	滩里村	江苏省书法家协会会员	2012
苏　洁	男	1971 年 6 月	镇中社区	江苏省美术家协会会员	2012
侯成保	男	1950 年 12 月	蒋家村	江苏省摄影家协会会员	2014
陈　东	男	1971 年 11 月	顾家村	江苏省摄影家协会会员	2014
吴建东	男	1960 年 5 月	妙桥社区	江苏省摄影家协会会员	2016
苏玉琦	男	1963 年 5 月	牛桥村	江苏省摄影家协会会员	2016
吴建东	男	1964 年 7 月	巨桥村	江苏省摄影家协会会员	2016
叶　丹	女	1975 年 5 月	金村村	江苏省摄影家协会会员	2016

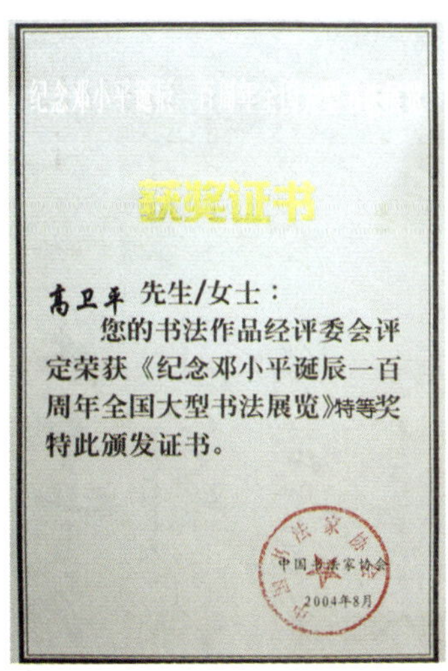

获奖证书

高卫平 先生/女士：

您的书法作品经评委会评定荣获《纪念邓小平诞辰一百周年全国大型书法展览》特等奖

特此颁发证书。

中国书法家协会

2004年8月

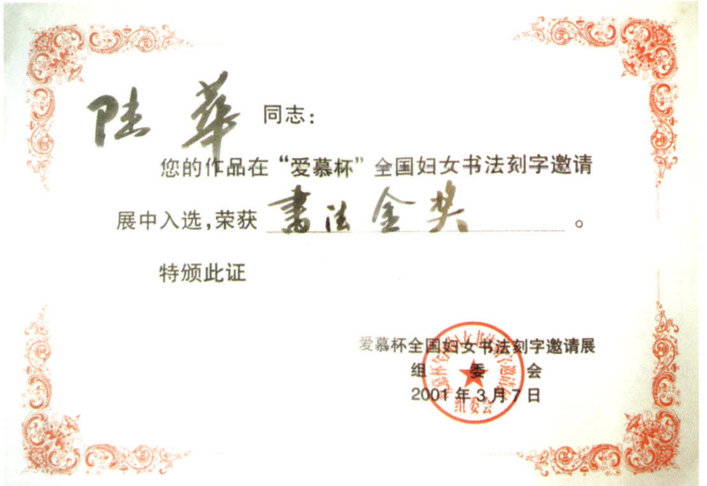

陆華 同志：

您的作品在“爱慕杯”全国妇女书法刻字邀请展中入选，荣获 書法金奖。

特颁此证

爱慕杯全国妇女书法刻字邀请展

组委会

2001年3月7日

中国书法家协会会员高卫平获奖证书　唐林康　摄

中国书法家协会会员陆华获奖证书　唐林康　摄

中国书法家协会会员高卫平书法作品　高卫平　摄

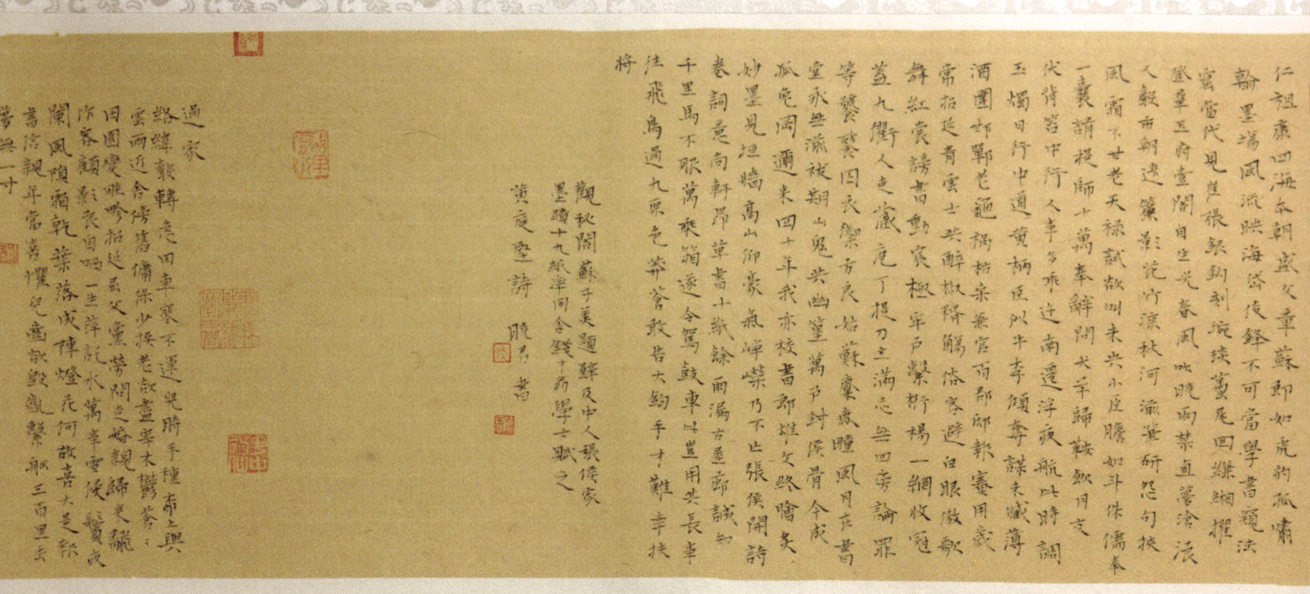

中国书法家协会会员钱晓君书法作品　　钱晓君　摄

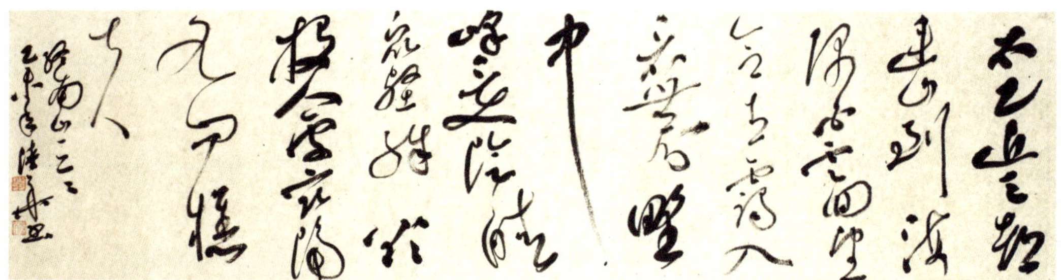

中国书法家协会会员陆华书法作品　　陆华　摄

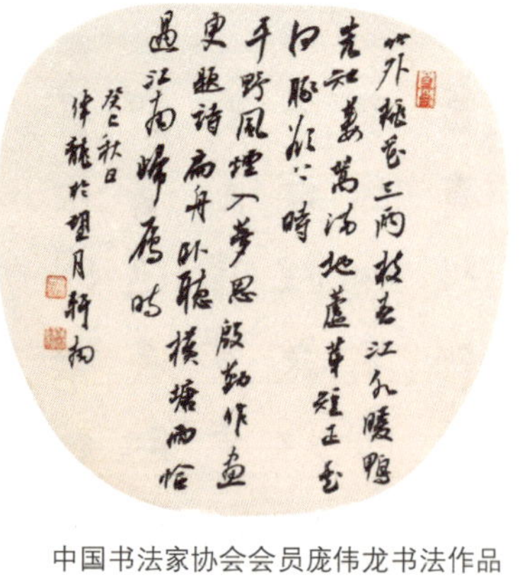

中国书法家协会会员庞伟龙书法作品　　庞伟龙　摄

江苏省书法家协会会员庞钧法扇面书法作品　　唐林康　摄

中国书法家协会会员苏险峰书法作品

苏险峰　摄

江苏省书法家协会会员钱昌贤书法作品

钱昌贤　摄

中国摄影家协会会员张志刚《昆虫系列——树蛙》(2009年)　张志刚　摄

江苏省摄影家协会会员陈东的作品《彩霞满天》

陈东　摄

江苏省美术家协会会员浦宏观作品《闲怡山林》 唐林康　摄

庞钧法画作《渊深鱼乐》 庞钧法　摄

著作存目

本部分选录宋代至当代120余位塘桥籍及在塘桥生活、工作过的人物的作品，其中大部分是当地名人著作，按宋代至清代、民国时期、当代3个阶段设立3张表格。

宋代至清代主要著作一览表

表 9

朝代	作者	书目	备注
宋	陈元大	《四书讲义》	见《重修常昭合志》
		《五经性理大全》	见《重修常昭合志》
明	萧允祯	《四书精义》	见《重修常昭合志》
		《五音六律度数》	见《重修常昭合志》
	萧应宫	《朝鲜征倭纪略》（1 卷）	见《重修常昭合志》
		《和鸣集》	见《重修常昭合志》
	钱　泰	《名家唱和诗》	见《重修常昭合志》
		《益斋稿》	见《重修常昭合志》
	钱　学	《吴兴诗选》（6 卷）	见《重修常昭合志》
		《文明堂集》	见《重修常昭合志》
	钱　泮	《云江集》（诗集）	见《重修常昭合志》
	钱　籍	《海山集》（6 卷）	见《重修常昭合志》
	钱　筹	《兰泉集》（4 卷）	见《重修常昭合志》
	钱体仁	《虚窗手镜》（10 卷）	见《重修常昭合志》
	钱汝孝	《经传史通》	见《重修常昭合志》
		《评史韪论》	见《重修常昭合志》
		《铭庵诗文集》	见《重修常昭合志》
	钱顺时	《资世文钥》（120 卷）	见《重修常昭合志》
	钱　岱	《两晋南北史合纂》（40 卷）	见《重修常昭合志》
	钱世扬	《春秋说》（10 卷）	见《重修常昭合志》
		《古诗谈苑》（36 卷）	见《重修常昭合志》
		《彭城世征》（10 卷）	见《重修常昭合志》
	钱希言	《戏瑕》（3 卷）	见《重修常昭合志》
		《荆南诗》（2 卷）	见《重修常昭合志》
		《松枢十九山集》（53 卷）	见《重修常昭合志》
	钱时俊	《春秋胡传翼》（30 卷）	见《重修常昭合志》
	钱孙艾	《颐仲遗稿》（1 卷）	见《重修常昭合志》
	杨　舫	《莒州志》	见《重修常昭合志》
		《水利书》（1 卷）	见《重修常昭合志》
		《杨莒州文集》	见《重修常昭合志》
	杨　仪	《乐书》	见《重修常昭合志》
		《格物通考》（20 卷）	见《重修常昭合志》
		《明良记》（4 卷）	见《重修常昭合志》
		《骊珠随录》（10 卷）	见《重修常昭合志》
		《高坡异纂》（3 卷）	见《重修常昭合志》
		《南宫集》（10 卷）	见《重修常昭合志》
		《古虞文录》（2 卷）	见《重修常昭合志》
	金定乐	《元远斋诗稿》	见《重修常昭合志》

续表 9

朝代	作者	书目	备注
清	黄　仪	《水经注图》	见《重修常昭合志》
		《纫兰集》(2卷)	见《重修常昭合志》
	钱谦益	《谱图序·宗谱后录》	见《重修常昭合志》
		《牧斋集外诗》	见《重修常昭合志》
		《投笔集》(1卷)	见《重修常昭合志》
		《海运考》	见《重修常昭合志》
		《心经蒙抄》(1卷)	见《重修常昭合志》
		《宗镜蒙抄》(1卷)	见《重修常昭合志》
		《大方语范》(又名《大方语苑》)	见《重修常昭合志》
		《明史开国功臣事略》	见《重修常昭合志》
		《开国群雄事略》(30卷)	见《重修常昭合志》
		《北盟会编抄》(3卷)	见《重修常昭合志》
		《绛云楼书目》(4卷)	见《重修常昭合志》
		《楞严蒙抄》(10卷)	见《重修常昭合志》
		《金刚经蒙抄》(3卷)	见《重修常昭合志》
		《内典文藏》(100卷)	见《重修常昭合志》
		《杜诗笺注》(20卷)	见《重修常昭合志》
		《唐诗合选笺注》	见《重修常昭合志》
		《列朝诗集》(81卷)	见《重修常昭合志》
		《初学集》(110卷)	见《重修常昭合志》
		《有学集》(50卷)	见《重修常昭合志》
		《牧斋外集》(25卷)	见《重修常昭合志》
		《牧斋未刻稿》(2卷)	见《重修常昭合志》
		《牧斋尺牍》	见《重修常昭合志》
	钱朝鼎	《山满楼集》(40卷)	见《重修常熟县志》
	钱孙保	《匪庵明代诗选》	见《重修常昭合志》
		《匪庵文选》	见《重修常昭合志》
	钱孙临	《近体诗》(1卷)	见《重修常昭合志》
	钱　曾	《述古堂书目》(10卷)	见《重修常昭合志》
		《交芦集》	见《重修常昭合志》
		《读书敏求记》(4卷)	见《重修常昭合志》
		《判春集》	见《重修常昭合志》
		《有学集诗注》(14卷)	见《重修常昭合志》
		《奚囊集》	见《重修常昭合志》
		《言怨集》	见《重修常昭合志》
		《笔云集》	见《重修常昭合志》
		《今吾集》(1卷)	见《重修常昭合志》
		《初学集诗注》(20卷)	见《重修常昭合志》
		《钱遵王诗稿》	见《重修常昭合志》

续表 9

朝代	作者	书目	备注
清	钱尚善	《望云集》(诗集)	见《重修常昭合志》
	钱　鋆	《蕲州志》(20 卷)	见《重修常昭合志》
	钱鹤冲	《三礼汇纂》	见《重修常昭合志》
	钱　湄	《寿潜堂诗集》16 卷	见《重修常昭合志》
	钱国柱	《钱直夫诗集》	见《重修常昭合志》
	钱禄泰	《自怡悦斋文集》	见《重修常昭合志》
		《先春堂诗录》	见《重修常昭合志》
	钱禄曾	《备荒要策》	见《重修常昭合志》
		《秀野山房文集》	见《重修常昭合志》
	邓　琳	《四书备解》(1 册)	见《重修常昭合志》
		《旌烈编》	见《重修常昭合志》
		《修竹吾庐诗文草》(2 卷)	见《重修常昭合志》
		《虞乡志略》(12 卷)	见《重修常昭合志》
	王毓英	《劫余吟草》(6 卷)	见《重修常昭合志》
	金日焜	《书谱纂》(3 册)	见《重修常昭合志》
		《复轩诗草》(3 册)	见《重修常昭合志》
	金如壎	《耕心集》(4 卷)	见《重修常昭合志》
	陈　道	《西旸陈氏家乘》	见《重修常昭合志》
	陈桂恩	《西旸陈氏世系》	见《重修常昭合志》
	金日熊	《云溪诗稿》(12 卷)	见《重修常昭合志》
	金夏时	《楚游草》(诗词)(1 卷)	见《重修常昭合志》
	金尔相	《自求斋诗文稿》(4 卷)	见《重修常昭合志》
	金　辂	《耐云遗稿》	见《重修常昭合志》
	王毓荪	《怡养居诗稿》(4 卷)	见《重修常昭合志》
	庞敬熙	《诗古文集》(5 卷)	见《重修常昭合志》
		《群经献疑》(10 卷)	见《重修常昭合志》
	庞纯熙	《映雪山房诗》(3 卷)	见《重修常昭合志》
	庞大坤	《易例辑略》(5 卷)	见《重修常昭合志》
		《说文校勘记》(15 卷)	见《重修常昭合志》
		《四书异同说》	见《重修常昭合志》
		《周礼注疏节要》(6 卷)	见《重修常昭合志》
	庞钟璐	《文庙祀典考》	见《重修常昭合志》
	庞鸿文	《常昭合志稿》(50 卷)	见《重修常昭合志》
	庞鸿书	《国史河渠志稿》(28 卷)	见《重修常昭合志》
		《谏垣奏稿》(4 卷)	见《重修常昭合志》
		《读水经注小识》	见《重修常昭合志》
		《补元和郡县志四十七镇图说》	见《重修常昭合志》
	庞　洽	《敬亭诗抄》	见《重修常昭合志》

民国时期著作一览表

表 10

作者	书目	备注
金廷桂	《自娱吟草》(4卷)	见《常熟市志》
	《三史味余》(13卷)	见《常熟市志》
	《二前汉书札记》(8卷)	见《常熟市志》
	《管子参解》(3卷)	见《常熟市志》
	《常熟慈村金氏家乘》(18卷)	见《虞山镇志》
金鹤翔	《病鹤诗稿》(4卷)	见《常熟市志》
	《病鹤词稿》(2卷)	见《常熟市志》
	《西湖新旧梦》(1卷)	见《常熟市志》
	《天巢词》(1卷)	见《常熟市志》
	《一名撷红仙馆词稿》	见《常熟市志》
	《浙游诗词草》	见《常熟市志》
金鹤翀	《暗泾文抄》(4卷)	见《常熟市志》
	《暗泾文抄续编》(3卷)	见《常熟市志》
	《钱牧斋先生年谱》(1册)	见《常熟市志》
	《读牧斋集随笔》	见《常熟市志》
	《暗泾文抄后编》(1卷)	见《常熟市志》
	《西土二十八祖东土初祖菩提达摩大师传》(1卷)	见《常熟市志》
	《金村小志》(3卷)	见《常熟市志》
	《暗泾文稿》	见《常熟市志》
	《暗泾诗抄》	见《常熟市志》
	《焦庐文抄野体集》	见《常熟市志》
	《野体诗抄》	见《常熟市志》
	《菽园文谈》	见《常熟市志》
	《偾牛记》	见《常熟市志》
金宗today	《十八罗汉尊者印谱》	见《常熟市志》
庞树森	《地政通诠》	见《虞山镇志》
庞树柏	《清代女纪》	见《虞山镇志》
	《抱香簃随笔》	见《虞山镇志》
	《墨泪龛笔记》	见《虞山镇志》
	《今虞初志》	见《虞山镇志》
	《湘心词衮香词》	见《虞山镇志》
	《龙禅室摭谈》	见《虞山镇志》
	《今妇人集》	见《虞山镇志》
	《庞檗子遗集二种》	见《虞山镇志》
	《碧血碑杂剧》	见《虞山镇志》
	《龙禅室诗》	见《虞山镇志》
	《玉琤瑽馆词》	见《虞山镇志》
	《清代女犯》	见《虞山镇志》

续表 10

作者	书目	备注
钱育仁	《荔园楼集》(8 卷)	见《常熟市志》
	《荔园楼续集》(4 卷)	见《常熟市志》
	《荔园楼外集》(不分卷)	见《常熟市志》
	《虞社青华录》(3 卷)	见《常熟市志》
钱育德	《钱氏三世遗稿》(1 卷)	见《常熟市志》
钱大成	《钱曾年谱》	见《常熟市志》
	《听冰室诗稿》(2 卷)	见《常熟市志》
庞树阶	《束柴病叟遗诗》(1 卷)	见《常熟市志》
	《束柴病叟诗续稿》(2 卷)	见《常熟市志》

当代著作一览表

表 11

作者(主编)	著作名称	出版时间	出版社
庞薰琹	《图案问题的研究》	1953 年	大东书局
	《庞薰琹画辑》	1979 年	人民美术出版社
	《工艺美术设计》	1981 年	人民美术出版社
	《中国历代装饰画研究》	1982 年	上海人民美术出版社
	《庞薰琹工艺美术文集》	1986 年	中国轻工业出版社
	《薰琹随笔》	1991 年	四川美术出版社
邓绍基	《红楼梦论丛》	1980 年	上海古籍出版社
	《杜诗别解》	1987 年	中华书局
	《元代文学史》	1991 年	人民文学出版社
	《元诗三百首选注》	1998 年	陕西人民出版社
袁林生	《上海汽轮机制造工艺学》	1957 年	上海科技出版社
袁海涛	《中国涉外贸易的法律问题》	1986 年	上海社会科学院出版社
钱元凯	《中国文化三百题》(主编)	1987 年	上海古籍出版社
	《简明法制史词典》(主编)	1988 年	河南人民出版社
	《唐律论析》(合著)	1989 年	南京大学出版社
	《中国古代经济法制史纲》(合著)	1990 年	电子工业出版社
	《中国法律思想史》(合著)	1993 年	上海中医学院出版社
	《中国法制史》(合著)	1994 年	华东理工大学出版社
	《中国法律思想史》(合著)	1996 年	华东理工大学出版社
	《法学新问题探索》	1997 年	上海社会科学院出版社
	《中国古代器物大词典》(主编)	2004 年	河北教育出版社

续表 11

作者（主编）	著作名称	出版时间	出版社
钱欣葆	《铁拐李治脚》	1993 年	中国国际广播出版社
	《小猴改错》	1994 年	上海科技教育出版社
	《纽扣失踪案》	1994 年	语文出版社
	《架在嘴上的桥》	1994 年	少年儿童出版社
	《海洋童话》	1996 年	湖南少年儿童出版社
	《武松打狗》	1999 年	未来出版社
	《魔碟》	1999 年	伊犁人民出版社
	《狐狸盗宝记》	2000 年	远方出版社
	《搏击人生》	2002 年	作家出版社
	《神枪手打猎》	2002 年	湖北少年儿童出版社
	《幽默童话》	2002 年	未来出版社
	《怪怪王国历险记》	2003 年	古吴轩出版社
	《流金岁月》（主编）	2004 年	作家出版社
	《活泼可爱的快乐猪》	2005 年	二十一世纪出版社
	《钱欣葆作品选》	2006 年	作家出版社
	《春天里的智慧故事》	2006 年	现代出版社
	《夏天里的趣味童话》	2006 年	现代出版社
	《秋天里的幽默故事》	2006 年	现代出版社
	《冬天里的美妙童话》	2006 年	现代出版社
	《豪猪的战术》	2008 年	海洋出版社
	《胖猪哈克的故事》	2008 年	海洋出版社
	《克克探长破奇案》	2008 年	海洋出版社
	《大树下的激战》	2008 年	海洋出版社
	《神探康康》	2008 年	海洋出版社
	《猴王的宝座》	2008 年	海洋出版社
	《贪玩的猴弟弟》	2008 年	海洋出版社
	《W 星球历险记》	2008 年	海洋出版社
	《小学科学知识故事》	2009 年	江苏教育出版社
	《婴幼儿故事大王・绿色卷》	2010 年	吉林人民出版社
	《小山羊和小灰兔》	2012 年	北方妇女儿童出版社
	《奇妙的拐棍》	2012 年	湖北少年儿童出版社
	《金丝猴改衣服》	2012 年	湖北美术出版社
	《老虎治尾巴》	2012 年	湖北美术出版社
	《猴子的教训》	2012 年	湖北美术出版社
	《爱吹牛的灰兔》	2012 年	湖北美术出版社
	《聪明的羊弟弟》	2012 年	湖北美术出版社
	《缺乏恒心的狗熊》	2012 年	湖北美术出版社
	《小象的长鼻子》	2012 年	湖北美术出版社

续表 11

作者（主编）	著作名称	出版时间	出版社
钱欣葆	《猴子灭火》	2012 年	湖北美术出版社
	《小鳄鱼学游泳》	2012 年	湖北美术出版社
	《两只小袋鼠》	2012 年	湖北美术出版社
	《渔夫织网》	2012 年	湖北美术出版社
	《老虎发怒》	2012 年	湖北美术出版社
	《犀牛认错》	2012 年	湖北美术出版社
	《大家抢摆渡》	2012 年	湖北美术出版社
	《红狐狸请跳舞》	2012 年	湖北美术出版社
	《穿山甲打洞》	2012 年	湖北美术出版社
	《聪明的灰兔》	2012 年	湖北美术出版社
	《挖人参》	2012 年	湖北美术出版社
	《美丽的家园》	2012 年	湖北美术出版社
	《池塘中的“怪物”》	2012 年	湖北美术出版社
	《365 夜寓言故事》	2013 年	江苏科学技术出版社
	《武林高手》	2013 年	天津人民出版社
	《钱欣葆文集》（四册）	2015 年	江苏凤凰出版社
	《小熊学捕鱼》	2015 年	湖北美术出版社
	《睡前 10 分钟寓言故事》（四册）	2015 年	清华大学出版社
	《睡前 10 分钟知识童话》	2015 年	清华大学出版社
金国忠	《青山迷雾》	1994 年	古吴轩出版社
钱定一	《钱定一画集》	1994 年	上海外语教育出版社
	《钱定一画选》	2005 年	上海人民美术出版社
马　基	《阳光下的歌声》	1994 年	南京出版社
卢润良	《张家港抒怀》	1999 年	中国国际广播出版社
	《张家港新传》	1999 年	南京出版社
	《张家港风流》	2003 年	江苏人民出版社
	《张家港潮歌》	2003 年	江苏人民出版社
	《张家港浪花》	2003 年	江苏人民出版社
	《稿丛犁印》	2005 年	安徽人民出版社
	《笔耕琐记》	2005 年	安徽人民出版社
袁毅平	《袁毅平摄影艺术作品集》	1999 年	中国摄影出版社
庞炳庵	《亲历古巴——一个驻外记者的手记》	2000 年	新华出版社
缪润生	《锣鼓与洞箫》	2005 年	人民日报出版社
施卫新	《秋天的留言》	1993 年	山东文艺出版社
	《忧郁的玫瑰》	1993 年	未来出版社
	《读懂岁月》	2001 年	黑龙江人民出版社
周双利	《中国文学史新编》	1995 年	海天出版社
	《中国历代诗歌通典》	1998 年	解放军出版社

续表 11

作者（主编）	著作名称	出版时间	出版社
张雪年	《乡镇行政管理》	1998 年	湖北人民出版社
钱昌照	《钱昌照回忆录》	1998 年	中国文史出版社
钱士良	《鼻咽喉科》	1955 年	第二军医大学出版社
	《耳鼻咽喉科全书》（鼻科学）	1977 年	上海科学技术出版社
	《耳鼻咽喉科学》	1980 年	第二军医大学出版社
	《创伤耳鼻咽喉科学》	1983 年	人民军医出版社
焦彬如	《预应力混凝土结构构件计算》	1982 年	中国建筑工业出版社
	《预应力混凝土结构设计计算》	1993 年	中国建筑工业出版社
	《砌体结构设计实例集》	1995 年	中国建筑工业出版社
张光斗	《水工建筑物》（上册）	1992 年	水利电力出版社
	《水工建筑物》（下册）	1994 年	水利电力出版社
	《专门水工建筑物》	1999 年	上海科学技术出版社
邓震垠	《计算机通信》	1992 年	人民邮电出版社
张金祥	《十三路围棋》	2005 年	江苏教育出版社
钱林方	《车载火炮系统设计理论》	2006 年	北京理工大学出版社
	《火炮弹道学》	2006 年	北京理工大学出版社
	《火炮与自动武器设计理论》	2006 年	北京理工大学出版社
钱士强	《材料检验》	2007 年	上海交通大学出版社
邹建刚	《实用心血管病药物治疗》	2007 年	江苏科学技术出版社
	《宽 QPS 波心动过速的诊断与鉴别诊断》	2009 年	人民卫生出版社
	《心血管内科精要》	2010 年	江苏科学技术出版社
李景华	《教学艺术散论》	1999 年	中国文联出版社
张光斗	《我的人生之路》	2002 年	清华大学出版社

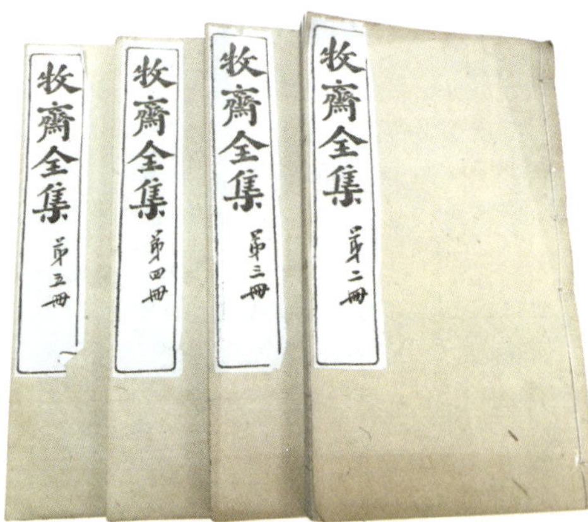

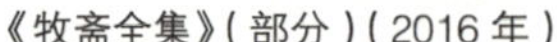
《牧斋全集》（部分）（2016 年）
唐林康　摄

施卫新诗歌集《秋的留言》（2016 年）唐林康　摄

《钱昌照诗词集》（2016 年）
唐林康　摄

《金氏文苑》（上、下）散文诗歌集

唐林康　摄

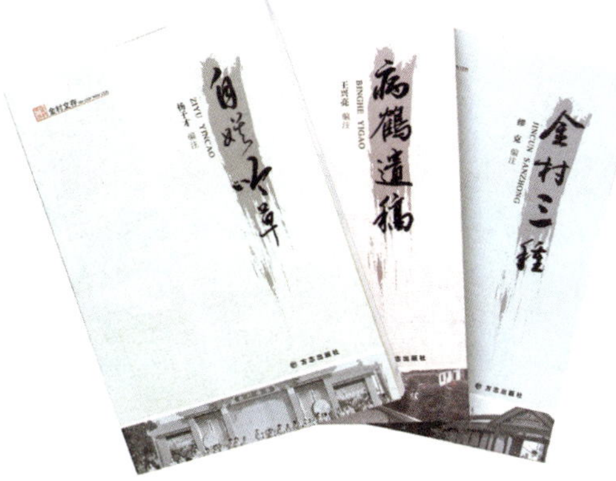

《自娱吟草》《病鹤遗稿》《金村三种》

唐林康　摄

《钱欣葆文集》

钱欣葆　摄

选有钱欣葆寓言童话的部分教科书

钱欣葆　摄

钱欣葆作品　　　　钱欣葆　摄

卢润良作品　　　　唐林康　摄

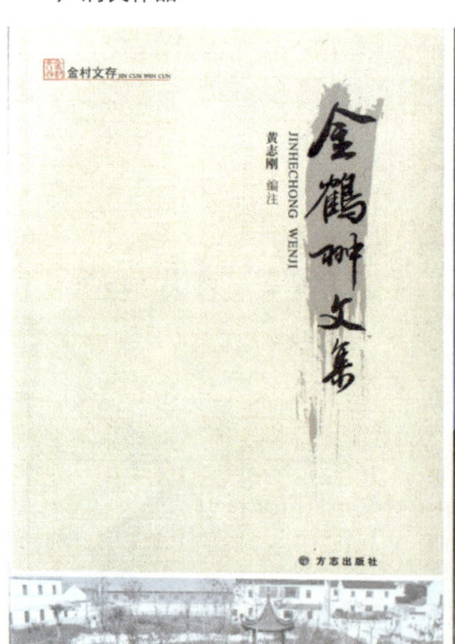

《金鹤翀文集》
唐林康　摄

施卫新散文集《读懂岁月》
唐林康　摄

大事纪略

清光绪年间鹿苑钱氏创办书院、小学

清光绪二年（1876），吴越钱氏三十四世孙、儒林郎贡生钱福佑（钱昌照祖父）为培养族人，在鹿苑西街创办鹿苑书院。光绪三十三年（1907）二月，由里人钱晋琛等人出资在鹿苑东街创办晋安小学。是年八月，钱蔡氏（钱昌照祖母）将鹿苑书院改为乡立两等小学。因其时一镇有东、西两校，故里人称晋安小学为“东校”、鹿苑乡立两等小学为“西校”。东校始办时为一至四年级的初级小学。1922年，改为六年制完全小学，1928年，停办高级班。1930年，因办学经费困难，初级班也停办。鹿苑名人钱昌照、张光斗、钱昌祚、赵人龙、钱延康等都在该校受过启蒙教育。西校于1937年日军登陆而一度停办，新中国成立后改名鹿苑镇中心国民学校。

1934—1956年竞存新布厂建立与改造

1934年，妙桥民族资本家林永清在妙桥集镇南部自然村龙聚珠独资建造竞存新布厂，这是境域内第一家民族纺织企业。占地面积2.67万平方米，建筑面积1.54万平方米，有厂房350间，主要设备有铁木结构布机110台，经车2台，重型柴油机25匹和40匹的各1台。有职工230余人。1945年，该厂老板与常熟银行老板王遇安等3人合资经营。至新中国成立前夕，有职工 40 多人。1954 年，设立中共党支部，先后发展党员 30 余人。1955 年，对私营企业进行改造后，工厂焕发生机，其规模、产品、年产值为当时常熟县同类企业之最。1956 年，因水陆运输不便，遂迁至虞山镇、并入大丰布厂，后易名新益布厂、常熟国棉色织一厂。

1936 年羊福路竣工通车

1936 年初，国民政府江苏省建设厅计划从锡沪路的羊尖镇，辟筑一条到福山的公路，命名为羊福路。该工程于 1936 年 4 月启动，由上海某大公司承建，共投入人力近 2000 人筑路基、铺路面、造桥梁、建站台。1936 年 9 月中旬竣工，12 月 15 日全线正式通车。该路全长 13 千米，宽 3.5 米，境内长 2.1 千米，为通过塘桥镇的第一条公路。1937 年 11 月 15 日，日军从福山登陆，沿羊福路西进，境内 10 号桥被毁，路基被蚕食。新中国成立后经多次修筑，拓宽路面，改造桥梁，为砂石路。1998 年，全线铺设沥青路面。

1938 年塘桥牛尾巴湾惨案发生

1938 年 8 月 21 日上午 8 时许，侵华日军在岸山队长指挥下，包围塘桥镇，图谋一举歼灭打着“抗日”旗号的庞筠、钱均地方反动武装。然而，庞、钱及其部下事前得到消息，早已逃之夭夭。日军进镇后四处设岗，封锁路口，继而在街上挨户搜查，在西街染坊（庞筠家宅），搜得庞筠升任大队长的贺旗（系塘桥商会赠），遂将全镇300余名成年男性（包括生意人）押至东街梢牛尾巴湾高岗下的水沟内，以鉴别是否“良民”，把有“游击队”嫌疑的人推向树荫下坟台里，其余人推在阳光下站立。至下午3时许，将站在树荫下的36人全部捆绑起来，串联在一起，牵至高岗下黄豆田里枪杀，其中两人佯作死亡而侥幸逃生。这就是当时震惊江南的塘桥牛尾巴湾惨案。

20世纪70年代塘桥三麦高产经验推向全国

20世纪60年代，塘桥曙民大队徐千泾生产队在三麦生产实践中逐步形成小麦“五争”高产栽培技术，即：一是争早苗，二是争壮苗，三是争穗多，四是争穗大，五是争粒重。1971年，苏州地区革委会将塘桥公社曙民大队定为地区三麦高产典型，发出“三麦学塘桥”号召。1974年6月，北京科学教育电影制片厂到塘桥拍摄《水乡三麦夺高产》向全国播放，曙民大队《三麦一季超纲要》的图片在全国农业展览馆展出。至1981年，该大队先后接待上海、浙江、贵州、青海、新疆、黑龙江等16个省市、自治区的领导和各级干部、技术人员41万人次。同时，应全国各省、市、自治区的要求，塘桥先后选派有三麦栽培经验的农民700余人，分赴17个省、市、自治区的91个县传授种麦经验。1982年,《塘桥三麦高产经验》一书由江苏科学技术出版社出版发行。

20 世纪 80 年代欧桥成为治穷致富典型

新中国成立前后，欧桥村（大队）由于搞单一农业生产，经济发展不快。自 1970 年开始，欧桥大队开始走农工副全面发展致富道路。1975 年提出“先建农田后建庄，两千亩田格子方”的治理目标，并从工业积累中提取资金投入农田基本建设，至 1979 年，昔日贫穷落后的面貌逐步得到改变。1979 年 12 月，沙洲县委在该大队召开“学欧桥，争富裕”现场交流大会。1980 年，欧桥大队成为江苏省第一个千万元大队。1983 年，欧桥村农副工产值 2150 万元，农民人均收入 757 元，比全县农民平均收入多 330 元，全村 500 余户农民全部搬入新楼。1986 年，时任中共中央总书记胡耀邦到欧桥考察。1988 年，该村成为张家港市第一个亿元村，外贸收购额名列苏州市第一，村办精纺厂被评为“江苏省十大创汇单位”，先后有英、法、苏等国驻华大使、总领事、驻京记者前往参观。欧桥村成为苏南地区治穷致富的典型。

2004 年塘桥镇获评全国环境优美镇

2002 年 11 月以后，塘桥镇按照国家环保总局关于开展创建全国环境优美乡镇活动的通知精神，着力抓好环境规划，于 2003 年 7 月通过江苏省环保厅组织的专家评审，年末通过省级考核验收。2004 年，镇党委、政府继续努力创建全国环境优美镇，巩固和发展创建成果。至2003年年末，全镇城乡自来水普及率、重点工业污染源排放达标率、生活垃圾无害化处理率、农田林网化率等各项指标均达到或超过国家考核标准。2003年年末，国家环保总局公布40个全国环境优美镇名单，塘桥镇榜上有名。

2005—2015年塘桥镇获全国文明镇四连冠

塘桥镇自2004年荣获全国环境优美镇称号后，2005年累计投入资金5亿元，开展争创全国文明镇活动。先后建成塘桥人民医院、杨塘公路、污水处理厂、卫生管理中心、文化活动中心、敬老院、民工子弟学校等大型工程。镇区新增绿地面积200公顷，辟建20余个环境优美、设施齐全的居民住宅小区，浇筑村级道路150余千米。整治农村危桥50余座。华芳集团、普坤公司、鹿港公司、欧桥精纺公司等企业全部建成达到国家标准的污水处理系统。东渡苑创建成国家AAA级旅游景区。塘桥高中等5所学校创建成省级重点、实验或示范学校。全镇14个村均建成省级卫生村和苏州市级信用村。2005年10月26日，塘桥镇被授予全国文明镇称号。

2009年和2011年，又连续获全国文明镇称号。前三届，塘桥镇主抓城乡一体、环境宜居、污染治理、基础设施等硬实力工程建设。自2012年以后，主抓传播文明理念、打造文化阵地、展示精品文化等软实力工程建设。2015年年末，塘桥镇又通过全国文明镇复查验收，获全国文明镇四连冠。

2013 年 5 月《金村文存》出版

2013 年 5 月,《金村文存》由方志出版社出版，这是苏州市较早公开出版的村级历史文献。该书由张家港市文联与塘桥镇党委、塘桥镇金村村委会联合编纂，包含《金氏文苑》《病鹤遗稿》《金鹤翀文集》《自娱吟草》《金村三种》，全套约 80 万字。整理出版的《金村文存》让人们看到了物质金村之外的精神金村。

2015 年鹿苑钱氏名人馆开馆

2015 年 10 月 22 日，鹿苑钱氏名人馆开馆，张家港市政协副主席刘会荪和钱昌照之子钱士湘为名人馆揭牌，美国、北京、上海等海内外鹿苑钱氏家族后裔，北京航空航天大学、中国生物多样性保护与绿色发展基金会（简称中国绿发会）、上海浦东中学等单位的负责人出席开馆仪式。该馆设于鹿苑文化中心内，展馆面积 400 余平方米，采用文字资料、照片、实物以及多媒体技术等手段，直观、生动地展示了鹿苑钱氏名人。在筹建过程中，钱士湘，钱昌祚女儿钱文彩，以及中国绿发会等为展馆提供相关资料，并捐赠一批具有较高历史文化价值的物品。

主要参考文献

常熟市地方志编纂委员会办公室标校:《重修常昭合志》，上海社会科学院出版社，2002年。

张家港市地方志编纂委员会办公室编:《沙洲县志》，江苏人民出版社，1992年。

张家港市地方志编纂委员会编:《张家港市志（1986—2005）》，方志出版社，2013年。

塘桥志编纂委员会编:《塘桥志》，上海交通大学出版社，1996年。

《鹿苑镇志》编纂委员会编:《鹿苑镇志》，广陵书社，2012年。

《妙桥镇志》编纂委员会编:《妙桥镇志》，广陵书社，2014年。

《金村文存》编纂委员会编:《金村文存》，方志出版社，2012年。

苏州市地方志编纂委员会编:《苏州市志》，江苏人民出版社，1995年。

江苏省常熟市地方志编纂委员会编:《常熟市志》，上海人民出版社，1990年。

《虞山镇志》编纂委员会编:《虞山镇志》，中央文献出版社，2000年。

常熟市地方志编纂委员会办公室编:《常熟人物选》，上海文艺出版社，2012年。

中共张家港市委党史地方志办公室编:《张家港年鉴》，方志出版社，2005—2016。

《张家港历史文化丛书》编纂委员会编:《张家港历史文化丛书》，凤凰出版传媒集团、凤凰出版社，2008年。

中共张家港市委宣传部、张家港市政协文史委员会编:《钱昌照诗词集》，方志出版社，2013年。

国家统计局农村社会经济调查总队、中国信息报社编:《中国明星镇：全国小城镇综合发展水平1000强》，中国统计出版社，2005年。

江苏省地方志编纂委员会编:《江苏名镇志》，江苏古籍出版社，1993年。

编纂始末

2015 年 8 月,《中国名镇志丛书 · 塘桥镇志》正式启动编纂。本着对志书负责、对历史负责、对时代负责、对未来负责的精神，塘桥镇党委高度重视修志工作，将之作为“十三五”重点文化工程。旋即成立编纂领导小组，由镇党委副书记任组长、镇党委宣传委员任副组长，镇党政办、镇宣传文明办、镇史志办有关人员为组员，聘请唐林康、陶全坤、钱永飞 3 名老同志承担编修工作，并配备一名专职助理。

塘桥既是历史古镇，又是纺织强镇、全国文明镇、全国环境优美镇、江苏省围棋之乡、中国民间文化艺术之乡，亮点、特色较多。如何写出名镇志风格，展示地方名、特、优，确定纲目是关键。2015 年 9 月，编纂者开始编写纲目。他们多次听取上级主管领导和专家意见、建议，借鉴先行者的经验，同时编纂领导小组对纲目多次进行研讨，至 2016 年 2 月末，纲目基本定型。

2016 年 3 月，开始纂写初稿。为加快工作进度，编纂领导小组做出决定，定责定时到人，集中办公。编纂者尽责尽力，至 6 月末各自完成自己的编写任务。初稿形成后，各参编人员对自己的志稿前后进行 6 轮打磨和修改，而后呈送编纂领导小组审核后定稿。10 月中旬，志稿交由张家港市委党史地方志办公室评审。按照初审意见，纲目又作了调整，文字有所增删，基本篇目尽量压缩，能反映名镇特色、亮点的篇目加大分量。10 月下旬，志稿交由苏州市地方志办公室初审。11 月 8 日，苏州市地方志办公室领导和专家赴塘桥镇，与编撰者当面点评，除对志稿肯定外，也提出不少真知灼见。评审会后，编者又对志稿作了较大修改。

2017 年 1 月上旬，志稿送交苏州市地方志办公室复审。4 月 14 日，志稿通过江苏省地方志办公室、苏州市地方志办公室领导和专家的联合终审。评审专家认为:《中国名镇志丛书 · 塘桥镇志》较全面记述了辖区内自然、经济、文化、社会等方面的历史与现状，较好地反映了纺织名镇、江苏省围棋之乡、中国民间文化艺术之乡、东渡文化等地方特色和时代亮点；同时，也提出一些修改意见和建议。终审会后，又经过长达半年的雕琢和润色，整个编纂工作结束。

《中国名镇志丛书·塘桥镇志》共设13个类目，约35万字，照片资料200余幅。作为地方志书，为对外展示形象、提升名镇影响力提供了极好的载体；传历史文脉，讲塘桥故事，续乡愁文化，为后代提供了传世乡土教材；阅志书，知历史，启未来，将激发塘桥儿女热爱祖国、热爱家乡的自豪感，为开创更加美好的现代化新征程而不懈奋斗！

在本志编修期间，得到了许多单位和各界人士的大力支持，特别是苏州市地方志办公室、张家港市委党史地方志办公室领导和专家多次指导，镇宣传文明办、民族宗教助理张维民大力协调，中国作家协会会员钱欣葆、江苏省摄影家协会会员陈东等提供许多宝贵资料和精美图片。特借本志完稿之际，谨向一切关心、支持、提供资料、做出贡献的有关单位和个人，致以诚挚感谢！

由于编纂时间紧、工作量大，加之编者水平有限，错误和缺点在所难免，敬请读者批评、指正。

编　者

2017年12月